NG WORDS × POSITIVE WORDS

教師は言葉かけが9割

＼局面指

ワード

広山隆行
Hiroyama Takayuki

日本標準

はじめに

「同じことを何度も注意しているのに，全然子どもが変わらない」
「指導しているのに，話が伝わっているかどうかわからない」
「理由を問いかけたら，黙ってしまってその後の指導が続かない」
「呼び出したら，反抗的な態度になってしまった」
もっと上手に指導ができたら，授業も学級もうまくいくのに……。
この本を手にした先生は，こんなことを思ったことがありませんか。
大丈夫です。言葉を意識することで変わります。

子どもへの指導は，言葉によって行われます。先生の言葉かけ一つで子どもが変わっていきます。その言葉も効果的なものとそうでないものがあります。先生のちょっと気になる言葉を「NGワード」として例示しました。

学校では，様々な事件やトラブルといった局面があります。局面指導とは，「ある場面（状況）における子ども（たち）の不十分・不完全な言動をよりよい方向に正すための指導」です（「局面指導」という言葉は深澤久先生による造語）。特に本書では，正しい行為・行動をさせることで，正しい心を育てていこうとする教師の言葉かけについて解説しています。

ただし「NGワード」として出てくる言葉は「使ってはいけない」ということではありません。局面に応じては有効な場合もありますし，緊急時などは，言葉を選んでいる余裕はありません。また，代わりとなる言葉として「ポジティブワード」を載せていますが「この言葉を言えば大丈夫」というものでもありません。その時に指導する教師の願いや考え方の方が大切です。そのことを「めざす子どもの姿」として書いています。言葉かけの具体例に合わせて，お読みください。

教師の使っている言葉かけが変われば，子どもは９割変わります。

2023年９月

広山隆行

Contents

Contents

第1章

教師は言葉かけが9割

先生は言葉を意識して使っていますか？ 指導は子どもがどう受け止めるかによって決まります。どんなかっこいい言葉も子どもの心に届かなければ意味がありません。言葉かけで子どもたちは変わります。言葉かけが指導の9割なのです。

教師の言葉かけが指導を決める

●その言葉かけ，大丈夫？

授業開始のチャイムが鳴った後，教室がざわざわしています。

「静かにしなさい！（怒）」

こんなふうに，大きな声で指導したり，怒鳴ったりしていませんか？

こんな指導をした後，先生はどんな気持ちになりますか？

なんだか心がざわざわして，ちょっと嫌な気持ちになりませんか？

自己嫌悪に陥ると言ってもいいかもしれません。かつての私がそうでした。

若い頃は，ビシッと指導しないといけないと考え，大きな声で指導したり，怒鳴ったりしていたものです。たしかにその一瞬，子どもは言うことを聞きます。なにしろ即効性があります。

でも，この言葉かけで，子どもは育ったのでしょうか。例えば，「静かにしなさい！」といった後，子どもは自主的に「静かにしよう」と考えて，次から，授業開始と同時に静かになったのでしょうか。少なくとも若い日の私の学級ではそんなことはありませんでした。

次の日も，教室がざわざわしていて，しょっちゅう「静かにしなさい！」と言っていました。ひどい時には「静かにしなさい！」を何度も繰り返し，だんだん自身の声が大きくヒートアップしてしまいます。今思えば，すでに「静かにしなさい！」という言葉の効果も即効性も失われていたのです。

毎日毎日，同じ指導……。

でも，ほかにどうすることもできません。

「静かにしなさい！」それ以外の言葉がないのです。

●教師の言葉かけが指導を決める

でも，言葉を意識するようになって，子どもたちが変わったのです。

「大事な話をします。聞いてください」と穏やかに言いました。

すると，静かになりました。

「○○さんは，静かだね～」

「上手に聞くのを待っていてくれるね～」

すると，周りの子どもたちがほめた子どもの姿を真似して静かになりました。

「今は誰が話す番ですか？」

「話がしたかったら，次どうぞ」

すると，静かになりました。

「それでは，教科書35ページの囲んであるまとめを読みます」と，小さな声で読み進めました。

自然と静かになりました。

ある時は，黙って静かになるのをずっと待っていました。

気づいた誰かが，「静かにしようぜ！」と声をかけ始めました。

「ありがとう」と言って授業を進めることができました。

私自身は変わっていないのに，言葉かけ一つで子どもたちは変わるのです。

子どもたちが言うことを聞かなかったのではなかったのです。

ただ，子どもたちの心に教師の言葉が伝わっていなかっただけなのです。

かつては私も不平・不満・子どもの愚痴・文句を言い，命令や指示で子どもを動かしていました。今は，「いいね」「すてき」「おもしろいね」「うれしい」「楽しい」「幸せ」と，子どもに感動を伝えています。目の前の子どもの現象に大差はありません。

言葉かけで子どもたちは変わるのです。

言葉かけが指導の９割なのです。

2

子どもの観方が言葉かけを決める

● ポジティブワードを覚えるよりも大切なこと

「ポジティブワードが大切！と言われても，いい言葉がすぐに出てきません！」

と言われるかもしれません。

大丈夫です。

もちろん，この本には，言葉かけの例がこの先たくさん出てきます。

でも,考えてみてください。学校には様々な局面があります。第2・3・4章に出てくるような教師の言葉をすべて覚えていたところで，全く同じ状況に出合うことはありません。私はこれまでに『局面指導』と冠する本を３冊著してきました*。そこに出てくる約200の具体的な指導の言葉を覚えていたとしてもきっと足りないでしょう。「こんな時はどうしたらいいの？」と局面は様々だからです。

でも，読んでくれている先生自身がとっさにポジティブワードを生み出す方法があります。それが「子どもの観方」です。「子どもの観方」と本書に出てくる言葉かけの例はセットなのです。

「かんじんなことは，目に見えないんだよ」と言ったのは，フランスの作家サン＝テグジュペリでした。『星の王子さま』（内藤濯訳，岩波書店）の一節です。

「子どもの観方」を身につけると，ポジティブワードしか出てきません。

次のページの［よくある局面の例］を通して，今の「子どもの観方」をチェックしてみましょう。

＊『子どもが変わる局面指導』『子どもが変わる局面指導Ⅱ』『「局面指導」が学級を変える』いずれも日本標準

［よくある局面の例］

子どもの具合が悪くなり，保護者に早退するために迎えのお願いの電話をかけることになりました。

教室にいる子どもたちには，自習をするよう指示しました。

職員室で電話を終えて教室に向かう途中，自分の教室からワイワイとにぎやかな声が聞こえてきます。

●子どものどんな姿に目がいくか

さて，教室に入った時，先生はどんな子どもたちの姿に目がいくでしょうか？

立ち歩いている子どもたち，近くの子どもとおしゃべりをしている子どもたちなど，不適切な言動をしている子どもを思い浮かべたのではないでしょうか。

もしかすると，「しゃべっていたのはだれ！」「なんで立ち歩いていたの！」と，教室に大きな雷が落ちたかも……。そこでの言葉かけは，きっと厳しい叱責になることでしょう。

でも，立ち歩かずに，先生の約束を守って一人で静かに自習をしていた子どももいたはずです。教室に入った瞬間，この子どもたちに目がいく先生がどれだけいたでしょうか。

もしも，最初にちゃんと自習していた子どもに目がいったとすれば，先生の言葉かけは変わります。

「○○さんたちはきちんと自習ができたね。すばらしい！」

「先生がいない時の姿こそ，本当の自分の姿です。自習がちゃんとできた人は，力がついている証拠です」

例えば，このような言葉かけになったことでしょう。自習をしないで騒いでいた子どもは，この先生の言葉を聞いて，「次からは，ちゃんとしなくちゃいけないな……」と思うはずです。

このように，「子どもの観方」が教師の言葉かけを決めるのです。

局面指導は子どもの受け止めで決まる

●言葉かけは子どもがどう受け止めるか

「バカ」

この言葉から，どのような局面が思い浮かんだでしょうか。

子どもが口げんかをしていて「バカ！」「うるさい！ バカ！」とお互いに言い合っている場面が思い浮かびます。家庭であれば，親子げんか，兄弟げんかでの場面が浮かびます。廊下で滑って転んだ様子を見て「バッカだなぁ」と笑っている場面もあります。恋人同士であれば，「やめてよ，バーカ♡」という，なんだかイチャイチャしている場面が思い浮かびます。関東の人と関西の人とで「バカ」と言われたイメージが違うのは有名な話です。

同じ言葉であっても，使う人，使う場面，状況によって違います。ＮＧワードもポジティブワードも，その言葉を相手がどのように受け止めるかということが全てです。

経験年数を重ねた教師であれば，授業で過去と同じ発問・指示をしても，全く違う反応が返ってくるという経験をしたことは多いのではないでしょうか。局面指導でも同様です。同じ言葉かけが同じように伝わるわけではありません。

同じ言葉かけをしても，素直に従ってくれる子どももいますし，反抗してくる子どももいます。当然です。これまで育ってきた歴史がそれぞれ違うのですから。

でも，安心してください。ポジティブワードを有効に働かせる方法があります。

●言葉かけは教師がどう受け止めるか

「言葉かけ」とは，教師が子どもの気持ちをイメージすることから始まります。

子どもは，何に困っていて，何の目的でこんなことをして，何に悩んでいるのか。そして，これからどうなりたいのか。そんなことを考えてから言葉をかけます。

「言葉をかける」前に「聞く」と言い換えてもいいかもしれません。子どもの心の扉が開いていなければ，どんな言葉だって入っていきません。

言葉かけ成功の秘訣は「どうしたの？」と問いかけることです。別に「何があったのかな？」「まずは自分で言えるかな？」「先生は何を言うと思う？」でもかまいません。子どもから先に話させます。これは，個別の対応であっても，学級全体の対応であっても，原則は同じです。

そして「うん，うん」「はい」「そうか，そうか」「うーん……」「なるほど」「わかったよ」などとうなずき，相づちを打ちながら聞きます。時には子どもの言葉を繰り返します。子どもは「先生はわたしの話を真剣に聞いてくれているんだな」と，思ってくれます。

「聞いてくれる」という関係ができると，あとはどんな言葉でも入っていきます。1対1の対応であれば，子どもから話を引き出し，「それで，これからどうしたらいいと思う？」と聞くだけですべて解決です。これからすべきことを自分で決めます。一件落着です。子どもに自己調整力がついていきます。

教師はうまく話す必要はありません。カッコよく，決めゼリフが決められればいいのですが，私たちはテレビドラマに出てくる坂本金八「3年B組金八先生」でも鬼塚英吉「GTO」でも山口久美子（通称ヤンクミ）「ごくせん」でもありません。むしろ子どもが気分よく話してくれることのほうが，その後の指導がしやすくなります。

子どもの言葉を受け止めた後に，教師の思いや気持ちを込めて話すだけで，あなただけのポジティブワードになります。

Column ①

言葉は言霊（ことだま）

「言葉（ことば）」の語源は，はっきりしたものがないものの次のように説明されています。①コトハ（言端)。②コトノハ（言葉)。葉が繁く栄えることから。③コト（事）から。葉は木によって特長があるように，話すことによって人が判別できるということから。④コトハ(心外吐)から。⑤コトノイヒ(言謂)から。(『日本語源大辞典』小学館)

これとは別に，言葉は「言霊（ことだま)」「言魂（ことだま)」という考え方があります。言葉には魂が宿り，声に出した言葉が何らかの影響を与えるのだ，と考えるものです。古くは万葉集に，日本は「言霊の幸（さきわ）ふ国」とあります。

また，新約聖書の最初に「はじめに言葉ありき」（ヨハネ福音書１章１）というフレーズがあり，様々な解釈がなされています。

洋の東西を問わず,人は言葉を大切にしてきたことがわかります。

たった一つの言葉が誰かを幸せにし，誰かを笑顔にします。一つの目標に向かってみんなを導きます。一方で，たった一つの言葉で誰かを傷つけ，誰かを悲しませます。インターネットやSNSの発達した現代では，言葉によって匿名で誰かを簡単に傷つけ，悲しませることができるようになってきました。

こう考えると，私たちが使う言葉（言霊）には何かしらの力があるのではないかと考えてしまいます。自分の発する言葉が，現実の出来事を引き寄せているのかもしれない，と。子どもを指導する言葉は，意識して使わなくてはいけないのだ，と。

第 2 章

子どもが変わる言葉かけ

局面指導の

NGワード × ポジティブワード

ここに出てくるNGワードに心当たりがありませんか？ その言葉かけで先生も子どもも幸せになっていますか？ ドキッとした先生，大丈夫です。代わりになるポジティブワードを示しています。今一度，先生の言葉かけを見直してみましょう。

NGワード 01

静かにしなさい！

教師が「静かにしなさい！」という言葉をよく耳にします。教師がこの言葉を使う時は，次のような局面があります。

❶ 授業で話し合い活動の後，授業を進めようとしても静かにならない。
❷ 友達が発表しようとしているのに，私語をしている。
❸ 休み時間の後，なかなか静かにならなくて授業が始まらない。
❹ 教室がざわざわして落ち着かない。

教室ががやがやしていても，教師が「はい！ それでは先生が話をします。静かに聞いてください」とおだやかに伝えて静かになるようであれば問題ありません。問題なのは，なかなか静かにならない状態です。

例えば，❸のような局面です。チャイムが鳴って，日直の子どもが号令をかけようとしているのにワイワイガヤガヤ。教師が「静かにしなさい！」と大きな声を出してしまうような場合です。ひどい時には「静かにしなさい！」を何度も繰り返し，ヒートアップしてしまう状態です。こんな時は，すでに「静かにしなさい！」の効果は失われています。

大事な話をします

❶の局面では，毅然と言います。

「大事な話をします。静かに聞いてください」

❷の局面では，次のように話します。

「今は友達が発表する番です。みんなは静かにする番です。話を聞きましょう」「話がしたかったら，次にどうぞ」

❸や❹の局面が続いているようであれば，「静かにしなさい！」という言葉を使わない方法を考えてみましょう。例えば次のような方法です。

a．チャイムが鳴ったら，号令を待たずに授業を始めてしまう

フラッシュカードを用いてテンポよく授業を開始したり，黒板に問題を数問書いてノートに解かせたりします。作業をさせることによって静かにさせます。

b．絵や図，字を示して静かにさせる

静かにしている子どもの絵やイラストをカード形式の書いて示すことで，言葉を使わずに静かにさせます。

c．穏やかに小さな声で話や授業を始めてしまう

静かにならないと教師の声が聞こえない状況を意図的につくり，子どもたちに「先生がもう何か話しているぞ」と気づかせ，静かにさせる状況に誘います。

d．静かになるまで待つ

シーンとなるまで待ちます。全員が静かになったら話を始めます。先生が話をしても再び私語をはじめたらそこで話を止めます。この指導は時間がかかりますが，そのうち「先生が話をしたり，教卓の前に立ったりしたら静かにする」という暗黙のルールが築かれます。

めざす子どもの姿

めざすべき姿は，「静かにしなさい！」と言われる前に自分たちで状況を判断して静かになる姿です。大きな声を出したり，手をならしたりという教師の指導もありますが，子どもたちが自ら考えて行動できる姿をめざしましょう。

NGワード 02

いま言ったでしょ!

「今日は雨で廊下が滑りやすくなっているので，ぜったいに廊下を走ってはいけませんよ」と休み時間前に話していた直後に廊下を走っていて注意される子どもたちに，この一言。

テスト前に「これ間違えやすいから気をつけるんだよ」と念を押した後のテストの採点をしていて，この一言。

「理科の実験で温度計は割れやすいから気をつけるんですよ」と言い，温度を測ろうとした直後の「先生，割れました」という子どもの声に対して，この一言。さっき指導したはずなのに，なんでだろう。ため息とともに出てきます。

「いま（さっき・だから）言ったでしょ！」と。

教師がこの言葉を口に出してしまう背景には「子どもたちは指導したことがわかっている」という前提があります。一方，ほとんどの子どもたちは悪気があって廊下を走ったり，問題を間違えたり，温度計を割ったりしているわけではありません。

次は気をつけようね

子どもの特徴として，主に次の(1)～(3)の３つがあります。それを見極めつつ，ポジティブワードで指導をするようにしましょう。

(1) 気をつけていたけれど，やってしまった

注意していたけれど壊してしまった，気をつけていたけれど失敗してしまったということは，子どもであればよくあることです。こんな子どもについては，

「次は気をつけようね」

と優しく声をかけるだけでかまいません。子どもは失敗を通して成長していくのです。

(2) 教師が指導したつもりになっている

教師は声に出して指導したと思っていても，子どもたちの耳に入っていなかったかもしれません。こういう子どもが多い場合は，

「○○さん，今先生が言ったことをもう１回言ってごらん」

「大事なことを言ったので，隣の人と確認してごらん」

と確認します。また，黒板に書いて文字でわかるようにしておきます。

(3) ついやってしまった

次の授業の準備ができていないのに遊びに出てしまう，廊下を走ってしまうなど，楽しいことに向かってつい先走ってしまう子どもがいます。いわゆる落ち着きのない子どもです。そんな子どもには，先回りをして個別に，

「○○さん，机の上に算数の教科書とノートを出してから遊びに行こうね」

「この後，休み時間だけど廊下を走っちゃだめだよ」

と話をしておきます。

めざす子どもの姿

めざすべき子どもの姿は，聞いたことを忘れずにきちんとできる子どもです。でも，子どもはすぐに忘れてしまうもの，失敗を繰り返して定着するものと思っておくことで，いらいらすることなく指導に向かうことができます。

NGワード 03

なんでそんなことするの！

次のようなとき，子どもにどんな言葉をかけていますか？

❶ 子どもが自分のぼうしをバスケットゴールに投げて引っかけてしまい，「先生とってくださ～い！」と言いにきた。

❷ フェンスによじ登って落ちてしまい，保健室で手当てを受けた。

❸ 男の子が女の子にカエルを見せて「キャー！」と泣かせてしまった。

❹「説明するまで折っちゃだめだよ」と言って配った折り紙を，もらった瞬間に折り始めてしまった。

こんな時に「なんでそんなことするの！」と言いたくなります。子どもは教師の思ってもいないことをするからです。教師は，「なんで……」と，その理由について問うてしまいがちです。でも，当の本人にしたら理由なんてありません。ただ面白そうだった，ついやってしまった，好奇心で，という程度のものがほとんどです。特に低学年にこの傾向があります。教師は，その子どもはわかっていてやったことなのか，わからずにやってしまったのか，ということを考えて指導しましょう。

友だちがいやがるって思わなかった？

「なんでそんなことをするの！」と言いそうになる前に，次のように聞いてみましょう。

左ページの❶や❷は，どちらかといえばわかっていたけどやってしまった例です。

「あのね，こうなるって気づかなかった？」

「これで勉強になったね。次から気をつけるんだよ」

と本人の成長を期待します。加えて，

「もう一つ。もしも，今あなたがしたことと同じことをしている友だちがいたら，やめなよって声をかけてほしいな。その友だちはついやってしまっているから」

と声をかけておきます。

❸や❹は，どちらかといえばわかっていなかった例です。事後の指導では，

「あのね，友だちがいやがるって思わなかった？」

「先生が話していたこと，聞いていましたか？」

と，❶や❷と同じように聞きます。

また，❹のように教師の話を聞いていない子どもがいる場合は，

「まだ手に何も持ってはいけませんよ」

「最後まで先生の話を聞いてから，やるんですよ」

「今，先生が話したこと言える人！」

などと確認しながら進めましょう。

大切なのは，失敗しても今後どうすればよいか，自分で考える力をつけさせていくことです。

めざす子どもの姿

失敗から学び，同じ失敗を繰り返さない子どもにすることをめざさなくてはいけません。ただし，「命の危険」「いじめ」に関わる場合は言葉に関係なく「いけないことはいけない！」とビシッと言いましょう。

NG ワード 04

はやくしなさい！

「はやくしなさい！」は学校生活ではもちろん，学校行事や遠足・集団行動を伴う学習のときには，特によく耳にする言葉です。

・教科書・ノートの準備や休み時間を終えて授業の開始時間のとき。
・朝，学校に来てランドセルを片付ける時間や帰る準備をする時間。
・給食当番の準備や体育の着替え，音楽室への移動。

時間通りに進めたい教師がちょっとイライラしてしまうときに出てしまいがちな言葉です。言わなくて済むのなら，言いたくない言葉です。

この言葉が出てしまう要因として次の２つが考えられます。

❶ 子ども個別の課題によるもの。
❷ 事前の準備や時間不足によるもの。

❶は，生活経験の有無や生育歴も関わってくるので．片付けや準備の仕方を教えるなどの個別の指導が必要です。❷は，教師の側の問題です。準備時間や事前の指示について見直しましょう。給食当番や体操服の着替えの時間など，足りない時は授業時間を早めるなどの工夫も必要です。

こうするとすぐにできますよ

左ページの❶のような個別の課題のある子どもに対して，次の(1)～(3)などの言葉かけをしましょう。

(1) 準備にどれだけ時間がかかるか計る

「給食当番さんはどれだけの時間で白衣を着ることができるかな。計ってみよう」

「帰りの会の準備がどのくらいの時間でできるかな。昨日よりも早くできるかな」

(2) 次の授業の準備をしてから休み時間に入る

「チャイムが鳴ったね。次の算数の教科書とノートを机の上に出した人から休み時間にしていいですよ」

(3) 具体的にやり方を教える

「○○さん，先生と一緒にランドセルの準備をしてみましょう。こうするとすぐにできますよ」

左ページの❷のような時間不足となる場合は，子どもも先生も45分の授業を大切にすることを意識づけることが必要です。次のように話すとよいでしょう。

「授業は45分です。もしもみんなが遅れてきたら，そこから45分間の授業を始めます。終わりが伸びても文句は言わないでくださいね。そのかわり，先生も授業をちゃんと始めることができたら，チャイムが鳴ったら授業を終えるつもりです」

教師自身が普段から授業の始まりの時刻と終わりの時刻をきちんと守るように心がけましょう。そうすれば，子どもたちも授業の開始時刻を守ろうとする意識がより高まります。

♥ めざす子どもの姿

個別に「○○さん，急ぎましょう」「○○さん，いつも時間が守れていますね」と声をかけるようにしましょう。きっと子どもたち同士で「急いだほうがいいよ」「手伝ってあげるよ」といった関係が生まれてくるはずです。

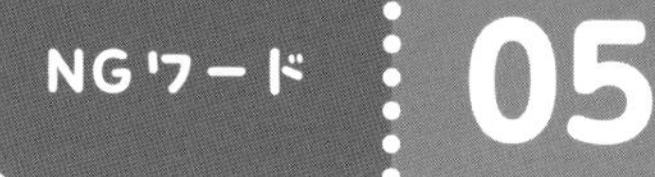

もう○年生なんだから！

新しい学年が始まってしばらく経ちます。進級してそのまま張り切ってがんばっている子どもたち。

一方で「休み時間に遊んでいて３時間目の始業に間に合わなかった」「忘れ物をいつもしてしまう」「宿題をしてこない」「掃除をきちんとしない」「縦割り班の班長なのに，下級生を指導できない」など，前の学年と変わらない子どもたち。

５月，６月になっても子どもの成長が見えず，前の学年と変わりない行動を見た時，つい「もう２年生なんだから！」「もう高学年でしょ！」「もう６年生になったんですよ！」などの一言を添えてしまいがちです。

特に，２年生と６年生にはこのNGワードを使いがちです。２年生は急に新入生のお兄さん，お姉さんとしての役割を求められます。６年生は，１年生の面倒を見たり，班長や委員長として学校を動かしたりしなくてはいけません。進級したからといってその学年らしさが出てくるわけではありません。その学年らしさは先生の指導があってのものです。

さすが○年生だね

「もう○年生なんだから！」というNGワードに変わるポジティブワードから，その学年らしさを身につけていくための指導法を示します。

（1）当たり前の行為・行動をした時でも，一言添える

「さすが○年生だね！」

また，１学期も半ばを過ぎたころになれば，手伝いをお願いした時やいいなぁと思う行為・行動をした時には，次のように言います。

「○年生らしくなってきたね」

こうした言葉かけで，自信をもちどんどん良い方向に伸びていきます。

（2）「これ，できるかな？」と課題を示し，できた時に一言添える

「やっぱり○年生だ！」「できると思っていたよ」

「やはり」という語は，予想・期待の通りであることを表しています。子どもへの期待値を少しずつ上げていきます。

（3）６年生には「最上級生」と「最高学年」の言葉の違いを意識させる

何となく６年生に「最高学年なのに！」と言ってしまいがちです。６年生は「最上級生」ではありますが，「最高学年」とは限りません。その学校の最高の姿を見せている学年が「最高学年」ですから，５年生や４年生が最高学年の学校だってあるのです。ですから２つの言葉の違いを示しながら話します。

「毎年この学校の６年生は最高学年の看板を背負ってきました。君たちもぜひこの伝統を守って行動していってください」

（4）その学年にふさわしいふるまいを教えていく

「高学年たるもの『手伝って』と言われたら，進んで手伝うものですよ」

「４年生たるもの自分のことよりもみんなのことを先に考えるんですよ」

めざす子どもの姿

その学年らしさは，１年を通して育てていくことを考えましょう。「なったんだよね。だったら～できるかな」などと，子どもたちに「もう上の学年になったんだ」という意識を高めていくことが大切です。

NGワード 06

いいですか！

低学年の生活科の授業での場面です。「これから公園に春を探しに出かけます。歩道は２列で歩くんですよ。走ったり道路に飛び出したりしてはいけません。**いいですか！**」「**はい！**」

このように学級や学年の集団に指示を出した後，さらに念を押したいとき子どもたちに「いいですか！」と聞き，子どもたちに「はい！」と返事をさせる場面があります。教師は思うはず。「これで大丈夫！」と。

でも，指示をしたとおりに子どもが動いてくれないことがあるのはしばしば。おかしいな，さっき言ったはずなのに，念を押したはずなのに。

「いいですか！」と子どもたちに確認を促すこと自体は悪いことではありません。問題なのは，教師と子どもたちとのやりとりが，パターン化していて形だけになっていないかどうか，ということです。「いいですか！」をいつも使っていると，子どもたちは機械的に「はい！」と返事をするようになります。大切なのは，指示が子どもたちに伝わり，しっかり実践できることです。低学年に限らず全学年で耳にする言葉です。

いいですね

(1) いいですね

「いいですか！」という言い方は，相手に「ダメ！」「イヤ！」「困ります」といった拒否や否定する権利・余地を与えてしまいます。教師はこうした反論を想定していないはずです。それならば最初から**「いいですね」**と念を押したり，優しく問い返したりするほうが子どもたちには伝わりやすくなります。

(2) もう１回言ってごらん

「いいですか！」と念押しするよりも誰か一人を指名し，

「先生が話した大事なことを，もう１回言ってごらん」

と，子どもの声を通して，もう一度全体に大事な話を聞かせます。「次，あてられるかもしれないからちゃんと聞いておこう」と考えます。

(3) ３つ言える人，２つ言える人，１つ言える人

教師が大事なことを３つ言ったとします。そこで，

「今，先生が言った３つのこと，全部言える人は手を挙げてごらん」

と指示します。

「２つ言える人。１つ言える人。１つも言えない人！　正直でよろしい！ただし話をちゃんと聞きなさい（笑)」

などと確認します。その上で，(2)や次の(4)のように念を押します。

全体指導の時，このように何度か繰り返しておくことで，話を聞く力がつきます。

(4) 隣の人と確認してください

特に重要な指示は，隣の子どもと確認させます。全員に，聞いていたことがわかっているかどうか確認させることができます。

めざす子どもの姿

子どもが，たとえ教師の指示を聞き忘れたとしても，友だちに聞いて集団行動がとれればいいのです。また，大事なことが３つあれば指折りして確認したり，メモ書きしたりという方法もあります。

なんでできないの!?

授業中，これまでの復習や確認をしている場面でよく聞く言葉です。かけ算九九を覚えていなかったり，分度器やコンパスを使いこなせなかったりする子どもに対して「なんでできないの!?」と一言。

逆上がりや後転になかなか挑戦できなかったり，リコーダーのドの音がきれいに出せなかったりしたときに「なんでできないの!?」と一言。

この言葉が出てしまう要因は，次のようなものがあります。その多くは教師側の心のもちようによるものです。

❶ 子どもは１回教えたらできるようになるものと思い込んでいる，もしくは，早くできるようになってほしいという教師の焦りから。
❷ 他の子どもとの比較で，できない子どもに対してつい言ってしまう。
❸ 教師の熱意の表れ（叱咤激励）として出てしまう。

子どもの側から考えてみるとできない理由がわかれば困っていないのです。できなくて困っているのは子どもの側だということを心得ておきましょう。

何かこまっていることはないかな

次のようなポジティブワードを意識して子どもを指導しましょう。

(1) 何かこまっているところはないかな

1回でできるようになる子どももいれば，何回も練習してやっとできるようになる子どももいます。定着の度合いは違います。そもそも子どもの困っている場所を見極め，指導し，できるようにすることが先生の役割です。できない子どもには，**「何かこまっているところはない？」**と問いかけたり**「どこまでできているのかな？」**と確認したりすることも有効です。

(2) もうすぐできるようになるよ

できない子どものほうこそ，ほかの子どもと比べてできないことに対して負い目を感じています。「なんでできないの！」という言葉かけは，その子どもの自尊感情を傷つけるものになってしまいます。

「もうすぐできるようになるよ」「今，いい感じにできているよ」

という言葉かけで，見える結果を求めるのではなく，そこに至る過程について励ましていきましょう。

(3) 大丈夫，大丈夫！ その調子！

熱心さのあまり，つい「なんでできないの!?」「もっとがんばれ！」といった言葉をかけてしまうこともあるでしょう。ちょっと厳しい言葉をかけられただけで萎縮してしまう子どももいます。何度失敗しても，できなくても，

「大丈夫，大丈夫！」「次はきっとできるようになるよ」

とできない理由を教えつつ励ましてあげるほうが，先生との関係も良好になっていくはずです。

めざす子どもの姿

教師は子どものつまずきを見極め，指導をしていくことが大切です。子どもはできることが増えると，自分から能動的に動くようになっていきます。そんな子どもの姿をめざしながら，教師もともに成長していきましょう。

その言葉ちょっと待った

NGワード 08

また忘れたの!? 連絡帳，見たんですか？

授業中「コンパスを出しましょう」「円をかきましょう」と話した矢先，「先生，忘れました」という子どもが出てきます。あっ！ いつも忘れてしまう○○さん……。「また忘れたの!?」「連絡帳，見たんですか？」とつい一言。連絡帳にはちゃんと持ってくるものを書かせて印鑑も押したのに。忘れ物をする子どもは，大抵同じ子どもです。

「忘れ物をする」と，学習用具であれば子どもの学習が遅れることになります。書類や教材の注文書であれば，学級や学年・学校全体に支障をきたすこともあります。ここでは学習用具（コンパス）の忘れ物を中心に考えてみます。

忘れ物をいつもしてしまうのは，次のような原因があります。

❶ そもそも家に帰っても覚えていない。連絡帳を見ない。
❷「準備は当日でいいや」「まだ時間がある」と思ってしまう。
❸ 学習用具の重要性に気づかない。感じない。
❹ 家庭環境が準備物を準備する状況にない。

連絡帳に赤鉛筆で書こう

忘れ物をする前に，次のような手立てや指導をしておきましょう。

（1）家に帰ってすぐ気づく手立て

次のように，連絡帳に目立つような意識づけをしておきます。

❶ 連絡帳に赤鉛筆で書かせる。
❷ 書いた大事なところに教師が四角囲みや花丸印などをつける。
❸ カードや付箋に教師が「コンパス」などと書いて，連絡帳やランドセルの内側に貼っておく。

（2）事前にそろえておく

「来週はコンパスを使いますので今週中に持ってきておいてください」

「もう持ってきている人は手を挙げてください。早いですね。まだの人は明後日使うので用意をしておきましょう」と事前に伝える。

（3）使っているイメージを語る

「来週は，コンパスを使ってきれいな円をたくさんかくよ。円を重ねてどんな模様ができるか楽しみだね」などと，授業でその道具を使っているイメージを語ります。道具を使って何をするのかイメージができ，授業が楽しみになると忘れません。

（4）事前に十分な数を教師が準備しておく

学習道具がそろわないと，後で個別の指導をしなくてはいけなくなります。忘れたものは仕方がないと割り切って，貸してあげましょう。

「仕方ないなぁ。特別だよ」「これは先生用の１万円もする高級コンパスです。それを貸してあげよう」などと冗談を言いながら貸してあげます。

その際，「今，机にもどって赤鉛筆で連絡帳に『コンパス』と書いてください」と指示します。さすがに「持ってこようかな」と思うはずです。

♥ めざす子どもの姿

つい忘れものをしてしまうことはよくあるものです。その時にどうするのかが大事です。「先生，忘れました」と自分から授業前に言えたら，❶兄弟・友だちに借りる，❷先生から借りる，など対処するようにしましょう。

NGワード 09

ちゃんとしなさい！

授業中に姿勢がくずれていたり，服装がだらしない姿を見つけたりした時に，「ちゃんとしなさい！」

片付けや整理整頓ができていなくて，「ちゃんとしなさい！」

ふざけてさわいでいる様子に対して，「ちゃんとしなさい！」

子どもたちをとっさに指導しようとする場面でよく耳にする言葉です。「ちゃんとしなさい！」は，子どもを指導する言葉としては，とても曖昧でぼんやりした指示です。

「ちゃんとしなさい！」と言われて，すぐに自分を正せるのならいいのですが，大抵の子どもは同じ言動を繰り返すことになります。

その理由としては次のような子どもの心持ちがあります。

❶「ぼくはちゃんとしているのに」と思っていて教師の願いが伝わっていない。「ちゃんとする」のがどういう状態なのか，わかっていない。

❷「ちゃんとする」ために何をどうすればいいのか，わからない。

教師の期待している基準を子どもに伝えていく必要があります。

いっしょにやろう

具体的な姿がわかる言葉に言いかえましょう。

(1) こういうことが「ちゃんとしていること」ですよ

「ちゃんとしなさい！」と言った後，「ちゃんとしているよ！」と言い返してくる子どもがいます。これは先生と子どもの理想像にズレがある証拠です。そこで明確な指示で教師の願いを伝えます。

「次の授業で使うものを机の上に出してから遊びに行きましょう」

「上靴のかかとをふんでいると，あぶないよ」

「廊下は移動するための場所ですから，走ったり大騒ぎしたりしないんですよ。まだ授業をしている教室もありますからね」

と具体的に指導した後に，「これがちゃんとしているってことですよ」と一言添えます。これで子どもは，ちゃんとした状態が理解できます。

(2) いっしょにやろう

「いっしょに机の中を整えますよ。こうするときれいでしょ？」

「自分でシャツをズボンの中に入れることができますか？」

先生がいっしょにやってあげることで，子どもはどうすればいいのかわかります。

(3) ちゃんとしている子をモデルにする

教室の中には，すでに「ちゃんとしている子ども」もいるはずです。

「○○さんは授業の準備ができていますね。□□さんも見習おうね」

「○○さんは姿勢がいいですね。おや，今，これを聞いて直した人は自分から気づけた人ですね。その人も素晴らしいです」

「ちゃんとしている子ども」をモデルにして，クラスの中で望ましい状態を広めていきます。

めざす子どもの姿

教師の仕事は，不十分な姿の子どもをちゃんとさせていくようにすることでもあります。その学年の３学期，３月に「ちゃんとしなさい！」と言わなくても済むように，具体的な指示や言葉かけで指導していきましょう。

その言葉ちょっと待った

NGワード 10

去年の○年生はよかったのに

1学期が終わるころになれば，その学年のカラーが決まってきます。年によってそのカラーは違いがあります。

前の年よりも落ち着いていて，いい感じの学年であればほめることが多くなります。一方で，学習の成績が伸びない，授業中に私語や離席などが多く集中できない子どもが多い，登下校の様子について苦情が来るなど課題山積の場合，つい前の年と比べがちです。特に前の学年が落ち着いていてよい印象があった場合には，子どもたちにこの言葉を言ってしまいます。「去年の○年生はよかったのに」「今年の○年生は……」と。

また，教師経験が長くなると「この学年はこういうもの」というイメージができます。ベテランになったが故にこの言葉が出てしまいます。

問題の所在として以下のことが考えられます。

❶ 子ども自身がその学年相応のモデルに気づいていない。

❷ 教師が子どもに不信感をもたせていることに気づかない。

❸ 先生自身がこれまでのよき思い出を捨てきれずにいる。

できるようになったね

(1) 今が指導のチャンス

「去年の◯年生は……」と言葉に出すのは心の中にいったん留め，子どもの不十分な点を１つずつ指導していきましょう。教師がこう言いたくなる局面は，重要な局面でもあります。

子どもにとっては，当然ですが，その学年は初めて経験する学年です。子ども自身は比較する対象がありません。ですから事前に，

「今年はクラス替えがありますね。４年生最後のお楽しみ会で，先生の力を借りずに相談してできるかな？」

「授業中に姿勢よく話が聞けるのが〇年生の力です。今はまだ無理かもしれませんが，３月にはできたらいいね」

と，目標や学年のモデルとなる姿を話しておくとよいでしょう。

(2) 今年の〇年生「も」

「去年の◯年生はよかったのに」は，子どもたちに「私たちのことはあまりよく思っていないんだ」というマイナスの印象を与えます。過去の学年と比べる時は，「よかったところ」「同じところ」を伝えましょう。

「今年も友達の発表に対して反応がいいね。これは，この学校の伝統です。あとは先生が話をしたらすぐに静かにすると，もっとよくなりますね」

(3) 今年は今年

理想像をもつことは大切ですが，毎年子どもたちは違うものと捉え，現状からどれだけレベルアップさせるかという視点で関わっていきましょう。すると**「できるようになったね」「上手になったね」**というプラスの言葉かけが増えていき，結果としてその年ならではの学年になっていくはずです。

♥ めざす子どもの姿

教師が子どもに望む理想像は，時代にかかわらず「自主自立」といってもいいでしょう。子どもたちの現状を見つめ直し，一つ一つどこから手をつけていくのかを考えることが，理想の子どもの姿に導くことにつながります。

NGワード 11

いいでーす！ 同じでーす！

宿題のドリルやプリントの答え合わせで１人ずつ順番に答えを言わせる場面。「○○さん答えは？」「16です」「今の答え，どうですか？（いいですか？）」に対して，他の子どもたちから「いいでーす！」の返答。

授業中，子どもが発表した意見に対して「どうですか？」と先生。それに対して「同じでーす！」の大合唱。

「いいですか？」「いいでーす！」や「どうですか？」「同じでーす！」というお決まりのパターン。なんだか機械的なやりとりに見えませんか？「主体的・対話的で深い学び」が大切だと言われる中，考えてみたい教師の言葉かけです。

このやりとりの問題点として，以下のようなものが考えられます。

❶ 子どもが，わからなくてもわかったふりをしてしまう。
❷ 子どもの発言を規制してしまう。
❸ 発言する子どもにプレッシャーがかかる。
❹ 授業が形式的になってしまう。

同じでいいから言ってごらん

(1) 正誤は教師が言う

左ページのような答え合わせの際，原則として問題の正誤は教師が言いましょう。間違えていたり，解けなかったりする子どもは，ほかの子どもに合わせて適当に「いいでーす！」を言うことになります。わかったふりをさせてしまうことにつながります。

(2) 同じでいいから言ってごらん

話し合いなどで「同じでーす」と返ってきた場合は，**「同じでいいから言ってごらん」**と指名します。すると「同じ」と言っておきながら，意見の違いが見えます。**「似ていてもいいよ」「そっくり同じでもいいから言ってみて」**と発言を促すと多面的・多角的な意見が出てきます。

(3) わからない時は「自信がないけど」と付け加えさせる

「どうですか？」「いいでーす！」が連続すると，正解することが当然のように思えてきます。問題がわからなかったり，解けなかったりした子どもにとっては相当のプレッシャーがかかります。自信のない子どもにとって発表すること自体が勇気のいることなのです。そんな時は，**「自信のない人は，答えを言う前に『自信がないけど○○です』と付け加えてごらん」**と話しておきます。

(4) 一人一人の意見やつぶやきを大切に

授業で一人一人の意見がタブレットなどで発信できる時代です。教師の発問から，拡散された様々な意見を集約し，収束・収れんしていくことが授業の中心となっていきます。「いいでーす！」「同じでーす！」より，**「一緒だね」「違うね」「どうして？」「だってね」**というやりとりが生まれる授業を考えていきましょう。

めざす子どもの姿

自ら子どもたちが問いをもち，自分たちで解決していく姿をめざしたいものです。子どもたちが自分の言葉で考えたことを発言し，それを皆が一生懸命聞く姿です。その子どもなりの言葉で語れる授業をめざしましょう。

NGワード 12

席に着きなさい！

休み時間を終え，チャイムが鳴ります。あわてて教室に返ってくる子どもたち。「はやく席に着きなさい！」と先生が一言。

授業開始のチャイムが鳴ってから教室後ろのロッカーに教科書を取りにいく子どもに対して「着席しなさい！」と一言。

授業のスタートが「授業が始まりますよ。座りましょう！」という言葉かけから始まることってありませんか？

「席に着きなさい」「着席しなさい」「座りましょう」という言葉かけが出てしまうということは，子どもたちが時間を守っていない状況があるということです。

学級全体でこれを許していては，次のような問題が出てきます。

❶「時間を守る」という規範意識が薄れている。
❷ 学習の構えができていない。
❸ 学習したい子どもたちの時間を奪っている。
❹ 理由さえあれば遅れてもよいと思っている。

時間が過ぎていますよ

（1）時間を守るのはあたり前の約束だよ

そもそも時間はきちんと守らなくてはいけません。低学年であれば，繰り返し話したり，時計の見方を教えたりします。高学年であれば，５分前行動，チャイム着席など集団生活の当たり前の約束として教えます。

「時間が過ぎていますよ」「大人になったら社会人の基本ですよ」

（2）授業の準備をした人から休み時間ね

授業の準備は授業前，５分や10分といった休み時間に行います。この休み時間の上手な使い方について次のように声をかけておきます。

「休み時間は次の授業の準備の時間でもありますよ」

「次の授業の教科書・ノートを準備した人から休憩しましょう」

（3）みんなそろってから45分間授業をします

遅れてきた子どもに，次のように声をかけます。

「遅れてきた人たちは，みんなの学習する時間を奪っています」

「授業時間は45分です。全員がそろってから45分授業します。その分，次の休み時間は短くなるかもしれません」

また，席に着かない子どもを待たずに，そろっている子どもたちとさっさと授業を始めてしまうというのも一つの手です。遅れてきた子どもには，「もう時間になったので授業を始めています」と声をかけるだけで，急いで席に着くはずです。

（4）どうしたの？ 何かあった？

授業に遅れてきた子どもには，まず次のように一声かけます。**「どうしましたか？」「何かあった？」**もしかしたら具合が悪くて保健室に行っていたかもしれません。ほかの先生の手伝いをしていたかもしれません。

めざす子どもの姿

チャイムと同時に全員が着席し，授業が開始できることは学校生活の大前提です。これは普段の生活の中で時間を守って行動することにつながります。教師も授業の開始と終わりを守るということを意識しましょう。

その言葉ちょっと待った

NGワード 13

「だって」じゃありません！

子どもから「○○くんと□□くんがけんかしています！」という報告。

とっくみあいのけんかの仲裁に入って「なんでけんかしたの！ けんかしちゃだめでしょ！」と聞くと，「だって□□くんが……」。ここで先生が一言。「『だって』じゃありません！」

宿題を忘れた子どもに「どうして忘れたの!?」と聞くと，「『だって』きのう……」と言い始めます。そこで先生が一言。「『だって』じゃありません！」

子どもの発言をさえぎって「『だって』じゃありません！」と言っていませんか？ 子どもにとっては「どうして？」「なぜ？」と聞かれたから「だって……」と先生に理由を言おうとします。そこで「『だって』じゃありません！」と否定してしまうと次のような問題が生じてきます。

❶ 子どもなりの理由を聞けなくなる。

❷ 子どもと先生の心理的距離が遠くなる。

❸ 先生への不信感が増してくる。

だって，どうしたの？ 言ってごらん

（1）だって，どうしたの？

「だって……」の後には，その子どもなりの理由が続きます。子どもが何か話し始めたら，最後まで聞いてあげるのが基本です。

「だって，どうしたの？ 言ってごらん」

と発言を促します。子どもなりの言い分を受け止めて，納得できる部分は**「そうだったの」**と受容します。一方で正さなくてはいけない部分については**「でも，ここがまずいよね」**と話します。子どもは自分の心の内を話してしまうと，落ち着いて自分の不十分さに納得します。

（2）何か言っておきたいことある？

「先生はぼくの話を聞いてくれない」「先生は怒ってばかり」そう思わせてしまっては，子どもとの距離がだんだん遠のいていきます。

子どもが黙っていて理由を言わない場合は**「理由がないと〇〇さんはこんなことをしないでしょ」**と問いかけたり，話をした最後に**「何か先生に言っておきたいことはありませんか？」**と付け加えたりしておくとよいでしょう。「いつでも話を聞くよ」と教師の心の窓が開いていることだけでも伝えておくことで，その後の関係を築きやすくなります。

（3）「だって」は子どもの本音

「『だって』じゃありません！」の裏には，「教師に意見（口答え）してはいけません」と教えているのと同じことになります。教師の発言が常に上からの押し付け，強要と感じさせてしまうと，学年が上がれば上がるほど，自我が芽生え，自主的な動きをしたい子どもとの溝が深まります。「だって……」は子どもの本音が聞けると思って，まずは話を聞いてみましょう。叱るのはその後からでもできます。

めざす子どもの姿

子どもはけんかをはじめとする様々な失敗を乗り越えて成長していきます。子どもの言い分を教師が受けとめてあげることで，教師と子どもの関係はよくなり，結果的に「だって……」という言葉自体が減っていきます。

NGワード 14

自信をもちなさい！

２学期は学校行事も多い時期。学習発表会や音楽会など多くの人の前に立つ場面があります。また，教室でも朝の会でのスピーチや調べたことを発表するなどの活動もあります。そんな時，緊張して声が小さくなったり動きが硬くなったりした子どもの様子を見てこの一言。

「自信をもちなさい！」「自信をもって！」

この言葉かけは，教師は励ましや叱咤激励のつもりで言うことが多いです。クラスのみんながすでに自信をもっていて，チームワークも高まっているような場合は効果的です。しかし，子どもにとってはそう受け止めていない場合もあります。むしろ次のように自信をもてなくさせてしまう場合すらあります。

❶ もっと緊張させてしまう。
❷ 叱られていると思わせてしまう。
❸ 本来できたことさえもできなくなってしまう。

自信をもたせるポジティブワードの言葉かけを考えてみましょう。

笑顔をつくってみよう

（1）リラックス！ リラックス！

❶のように，子どもが緊張しない言葉かけを考えてみましょう。

「大丈夫，大丈夫」「笑顔をつくってみよう！」「深呼吸して！」
「ぐにゃぐにゃっと力を抜いてみよう」

と，言葉かけして子どもの体の力をゆるめてあげます。リラックスすると自然と自分の力が発揮しやすくなります。

（2）声を○○さんに届けてみよう

❷のように，自信のない子どもにとって，「励まされている」というよりも「叱られている」と思ってしまうこともあります。子どもとの人間関係によって受け止め方が違うので，具体的に指導してあげましょう。

「発表する時は，声を教室の隅にいる友だちに届けるつもりで話してごらん」「無理にでもいいから笑顔をつくって歌うと，遠くから見ているおうちの人の印象がよくなるよ」

（3）練習は本番のつもりで，本番は練習のつもりで

❸のようなことのないように，学習発表会や音楽会などは，練習でできたことを同じように発揮させるような言葉かけをします。

「これまで３週間も練習してきたね。その成果をしっかり出そう！」
「今までこれだけ練習してきたよね。大丈夫！ 楽しんでおいで！」
「自分のできる力を全力で出しきってごらん」

私は学習発表会や音楽会の練習の時に「練習は本番のように。本番は練習のように」という言葉を繰り返し言っています。いざ本番，という時には「今日は本番。これまでがんばってきた練習のつもりでがんばっておいで！」と声をかけています。

♥ めざす子どもの姿

「自信をもってがんばろう！」という言葉は教師が子どもに発するよりも，子どもが自分自身で言い聞かせる姿が望ましいです。自分の不十分な姿を自ら鼓舞する姿は，学習を高みに向けて自己調整している姿といえます。

NGワード 15

自分がされたらどうですか？

友だちをたたいてけんかになる，人の物を勝手にとって使ってしまう，意地悪な言葉を使って友だちを泣かせてしまう，そんな低学年の子どもっていませんか？ 何度注意しても同じことの繰り返し。その子どもを個別に呼んでこの一言。「自分がされたらどうですか？」「自分がされたらどう思う？」「自分がされたら嫌でしょ！」

「自分がされて嫌なことはしない」ということは，先生（大人）の生き方として大切な考え方です。「自分がされたらどうですか？」「自分がされたらどう思う？」という言葉かけには，相手にしたことを自分の立場に置き換えて考えさせたいという願いが込められています。

でも，この言葉かけ，子どもの発達段階によっては次の点に気をつけなくてはいけません。

❶ 発達上「自分がされたら」はわからない。

❷ 自分がされて嫌なことは人それぞれ。

❸ いけないことを認識していない。

仲よしの〇〇さんがされていたら……

（1）仲良しの〇〇さんがされていたら……

低学年の発達段階では，「自分がされたらどう思う？」と，相手にしたことを自分に置き換えて考えるのは理解が難しいとされています。

相手の気持ちを察することができるのは中学年ごろからともいわれ，有効に使えるのは高学年になってからです。低学年には，

「あなたの大切なお母さん（おうちの人）が同じことをされていたらどうですか？」「仲よしの〇〇さんがされていたらどう思いますか？」「〇〇さんも嫌でしょ？」と具体的な誰かを思い描かせるほうがよいでしょう。

（2）……悲しかったんだって

「自分がされたらどうですか？」と聞かれて，「別に……」と答える子どもがいます。されて嫌なことは，大人でも人それぞれ違います。ですから**「〇〇さんは大切にしていた消しゴムを勝手に使われて悲しかったんだって」**などと相手の気持ちを代弁して伝えてあげましょう。

（3）それは，してはいけないこと

中学年・高学年であっても「自分がされたらどう思う？」ときかれて，反省の言葉が出てくるためには，何がどうしていけないのか道徳的な知識を認識していなければいけません。特に低学年では，

a．何がいけなかったのかを教える。

b．同じことを繰り返さないこと。

の２つを意識して指導にあたります。

「あのね，友だちをたたくのはいけないこと。理由がどうであれ，暴力はいけません。どうしても困ったら先生に言いなさい。もう友だちをたたいたりしないでね。できるかな？」などと話します。

めざす子どもの姿

子どもたちはけんかやトラブルを乗り越えて成長していきます。小学校は，１年生から６年生まで様々な発達段階の子どもたちが生活しています。教師の言葉も学年や子どもの発達段階に応じて変えていくことも必要です。

NGワード 16

でもね・だけどね

子どもと話をしている場面です。教師の考えと「ちょっと違うなぁ」というときがありませんか？ 例えば，宿題や学習用具を忘れた言い訳に対してこの一言。授業や学級会の話し合いで自分の意見が通らなくてふてくされている子どもの言葉に対してこの一言。個別の相談を受けていて「そんなに気にするほどでもないけどなぁ」という子どもの声に対してこの一言。思春期に入って反抗的になってきた子どもの意見に対してこの一言。「でもね，それ言い訳でしょ」「だけどね，その意見じゃ，みんな納得してくれないよ」「でも，その考え方，よくないよ」

教師が，その子どもの意見や考え方を正そうとすることがあります。悪いことではありませんが，子どもとの関係に次のような問題が生じることがあります。

❶ 怒られている気持ちにさせてしまう。
❷ 反感を抱かせてしまう。
❸ 失望感を抱かせてしまう。

うんうん，わかるわかる（そのうえで）でもね…

（1）先生の考えを聞いてみる？

「でも」「だけど」という言葉は，子どもにとっては「自分の考えを否定された」「ダメと言われた」，つまり「怒られた」という思いにさせてしまいます。先生は正しい考えを伝えようと「でも」「だけど」に続く言葉をかけているはずです。「だけど」この言葉によって，後に続く大事な言葉が耳に入らなくなってしまいます。まずは**「そうかぁ，そう思ってたんだね」**と受け止めた上で，**「先生の考えを話していい？」「先生の思っていること聞いてみる？」**と子どもに選ばせましょう。落ち着いている子どもであれば教師の話を聞いてくれるはずです。

（2）そうだよね～

子どもによっては教師の正論に対して「そんなことわかってるよ」と思っている場合があります。特にだだをこねている状態であればなおさらです。にもかかわらず「でもね」と返されると「なんだよ！」と反感を抱かせてしまいます。子どものやり場のない怒りを先生にぶつけてしまうこともあります。そんな時は**「そうかそうか」「そうだよね～」**と子どもの気持ちを受け止めるだけで十分です。

（3）わかるわかる

子どもの言葉をさえぎった「でもね」「だけどね」は，その後，子どもが話しにくくさせてしまうことがあります。「私の話を聞いてくれないんだ」と口を閉ざし，失望してしまうこともあります。こんな時は，**「うんうん，わかるわかる」**と子どもの言い分を受け止めます。そのうえで**「そうだよね，でもね……」**と続けます。いきなり教師の考えを言うよりも，子どもが心を開いてくれます。

めざす子どもの姿

子どもにも自分の言い分というものがあります。加えて自分の話を聞いてほしいものです。話を聞いて「そうだよね，わかるよ」と共感してあげましょう。子どもの心をいったん開かせて，その後，教師の考えを伝えましょう。

NGワード 17

聞こえません！ もっと大きな声で！

朝の健康観察で名前を呼んで返事をする時。授業中，指名をして発言をさせた時。トラブルの原因を聞くために個別に話を聞く時。子どもの声が小さかったり，ぼそぼそと何を言っているのか聞き取れなかったりすることがあります。そんな時，ついこんな一言が出てしまいます。

「聞こえません！」「もっと大きな声で！」

この言葉かけが有効に機能するかどうかは，これまでの子どもと教師との関係性に大きく関わってきます。子どもとのよい関係が築けていれば，さほど問題になる言葉ではありません。しかし，そうでない場合，この言葉かけによって先生との関係をさらに悪化させる場合もあります。

具体的には子どもを，次のような気持ちにさせてしまいます。気をつけて使いたい言葉です。

❶ 叱られていると思わせてしまう。
❷ 声に出すことに苦手意識を植え付けてしまう。
❸ 不安にさせてしまう。

先生のところまで声を届けてごらん

（1）○○さんまで聞こえるように

声が小さい子どもにとって，いきなり「聞こえません！ もっと大きな声で！」という言葉かけは，叱られていると思わせてしまいます。教師にとってはアドバイスのつもりでも，声の大きさだけでなく，自分の人格を全否定されたように捉えてしまう子どももいます。ですから，

「先生のところまで声を届けてごらん」「(端の) ○○さんまで聞こえるようにもう１回言ってください」と聞き手を意識した言葉かけにしてみましょう。

（2）発言する機会を増やす

子どもの声が小さいのは，経験不足から生じます。だから「聞こえません！」と言っても大きな声にはなりません。むしろ，声を出すこと自体に苦手意識を植え付けてしまい，もっと声が小さくなってしまいます。子どもはたくさん意見を言う経験を通してこそ，だんだん声が大きくなるのです。声が小さな子どもに対しては，全員の前で音読する回数を増やしたり，簡単な質問の時に意図的な指名をしたりするとよいでしょう。

（3）話し方（話型）を教える

発表する際に，言い方がわからないという場合があります。(2)の経験不足とも関わりますが，どのように発表したらいいのかわからなくて不安なのです。そういう子どもには**「～と思います」「私は～と思いました」「～です」**といった話し方（話型）を教えてあげます。そして子どもの発言に対して否定せずに「うんうん」「なるほどね」と受け止めてあげましょう。十分な声を出している子どもにとっては，むしろ「話型」によって発言しにくくさせることもあるので，実態を見極めましょう。

♥ めざす子どもの姿

休み時間に声が出ている子どもであれば，指導によって声は大きくなります。子どもが話したくなるような授業や発問を考え，学級全体で話をする前に，ペアやグループで話をする機会を増やしてあげることが大切です。

NGワード 18

やる気を出しなさい!

音楽で歌を歌う声が小さかった時や，体育の運動できびきびと動けなかった時に，この一言。自習の時間にドリルの課題が思ったほど進んでいなかった時に，この一言。６年生を送る会の出し物のリハーサルで今一つ集中していないと感じた時に，ついこんな一言。「やる気を出しなさい！」「やる気はあるんですか？」教師の目に映る子どもの姿が一生懸命やっているように見えない時にこの言葉が出てしまいます。おとなしい子どもや集中力を欠いている子どもに，言いがちな言葉でもあります。

でも，本当は今の姿が精一杯の状態かもしれません。「やる気」の指導は子どもの心の状態によっても変わります。ですから学級や学年全体に声をかけても心に響く度合いは，一人一人バラバラです。この言葉かけの問題点は次のことがあげられます。

❶ 自己肯定感を下げてしまう。
❷ 委縮させてしまう。
❸ 受け身にさせてしまう。

君たちならもっとできるよ

（1）今，どれだけ力が出せている？

おとなしい子どもの中には，すでに精一杯がんばっている子どもがいます。そんな子どもは「もう十分やる気を出しているのに……」「これでもダメなの？」「どうすればいいの？」と思わせてしまいます。まずは**「今，どれだけ力が出せている？」「今の姿は５段階で何点？」**と自己評価させます。また，６年生を送る会などの学校行事で学年集団に「やる気を出しなさい！」とはっぱをかけて高めたい場合は，事前に一人一人の伸びを見てプラスの言葉かけを十分にしてあることが前提になります。

（2）理想像と方法を伝える

「やる気を出しなさい！」と言われても，先生の求める「やる気」がわからないところにこの言葉の難しさがあります。子どもからしてみれば，やる気が見えなかった自分に対して怒られていると思い，萎縮してしまいます。そうさせないためには，**「体育館への移動は静かに来てほしいな。足音一つ出さないつもりで動いてごらん」「今の歌声よりも，もっと体育館のすみっこまで届かせるように歌ってごらん。そのためには吸い込んだ息を全部出しきってごらん」**のように，先生の求める理想像とそこに至る方法を伝えましょう。

（3）君たちならもっとできるよ

子どもが「やらされている」「させられている」という受け身の気持ちにならないようにすることが大切です。子どものベストパフォーマンスが出るのは，心身ともにリラックスしている状態の時です。むしろ**「君たちならもっとできるよ」「全力を出し切ることが大事だよ」**といったポジティブワードの言葉かけが有効です。

めざす子どもの姿

「やる気を出しなさい！」と言われて「やる気」（行為・行動）がすぐに変わる子どもは多くありません。子どもの理想像を描き，そこに向けてステップアップできるようにポジティブワードの言葉かけをしていきましょう。

NGワード 19

あなたのためを思って言っているの

宿題を忘れたり，けんかの仲裁をしたりといった指導の最後に一言。

「あなたのためを思って言っているの」指導をしたものの子どものふてくされた態度と「でも」「だって」と言いかけた言葉をさえぎって，とどめの一言。「あなたのためを思って言っているのよ！」

先生が指導する時の最後，まとめのように使いがちな言葉です。先生の指導はすべて子どものためです。あえて「あなたのため」と言う必要はありません。それでもこの言葉を使ってしまうのは，先生が強く命令して子どもを従わせようとしているか，先生が子どもに良く思われたいという気持ちの表れです。この言葉をかけられて「そうか！　ぼくのために言ってくれているんだ」と感謝する子どもはまずいません。

この言葉かけの問題点は，次のように考えられます。

❶「先生のため」と受け取られる。

❷ 反感を買ってしまう。

❸ 子どもを受け身にしてしまう。

何がいけなかったかわかる？

(1) こんなふうになってほしいな

「あなたのためを思って言っているの」という言葉は，子どもによっては「ぼくのためじゃなくて，先生のためでしょ」と感じ，「先生が都合のいいようにコントロールしようとしている」と受け止めます。教師の心理的な誘導に子どもたちは敏感です。このように感じた子どもは教師との距離を取るようになってしまいます。

それよりも**「先生はあなたにこんなふうになってほしいんだけどな」**と自身のメッセージを伝えるほうが効果的です。

(2) 何がいけなかったかわかる？

「あなたのためを思って……」という言葉を使うときは，大抵それまでの指導がうまくいっていないときです。この言葉は「先生の言うことを聞きなさい」というきつい言葉に聞こえ，反省するよりも反感が増してしまい，ますます指導がうまくいかなくなります。この言葉よりも，**「何がいけなかったかわかる？」「手を出しちゃったのがいけなかったよね」**と，指導している理由や根拠を明確にして伝えましょう。

(3) これからどうしたい？

「あなたのためを思って……」は，まだ将来のことや自分を客観視できない子どもにとっては理解しにくい言葉です。さらに，子どもは命令・指示されたという印象が強まります。すると子どもたちは受け身になり，教師の言うことさえ聞いておけばよいという態度になります。

指導した後は**「これからどうしたい？」「次がんばろう！」「期待しているよ」**などと子ども自身に指導後の未来を選択させたり，はげましたりするとよいでしょう。

♥ めざす子どもの姿

「あなたのためを思って……」と言ってしまいそうな態度を子どもが取っているとしたら，それはまだまだ子どもとの関係が不十分だということ。日頃から子どもとコミュニケーションを取っていくことを心がけましょう。

今日から○○禁止！

休み時間に校庭でサッカーをしている時，チャイムが鳴ってあわてて校舎内へ。ボールが校庭に出しっぱなし。これまでも度々ありました。だからこの一言。「今日からみんな校庭でのサッカーボール禁止！」

体育館で遊びに夢中になり，授業開始に遅れる子どもたち。何日もそれが続いたので教師がこの一言。「今日から休み時間は体育館禁止！」

「今日から○○禁止！」は，ルールや約束が守れない時に，学級や学年全体に対して教師が反省させるために言ってしまう言葉です。禁止となる出来事をきっかけにして，関わりのない子どもたちを含めた学級や学年の集団全体に発せられる言葉です。指導の一環として個別に「禁止」すべき場合はあるでしょう。しかし，無関係の子どもにとっては先生への不満をためる要因になり，次のようにしてしまう問題があります。

❶ 連帯責任に対する不満を抱かせる。
❷ 友だちを責めてしまう。
❸ 負い目を負わせてしまう。

きまりを守っていない人がいたら教えてあげてね

（1）ボールを片付けてえらいね

学校のルール・きまりを守らないのは一部の子どもです。普段からきちんとしている子どもにとって「○○禁止」は「どうして私たちまで？」という不満を抱かせます。望ましい行為・行動に着目してほめてあげましょう。**「みんなちゃんとボールを片付けてえらいね」「ちゃんとチャイムと同時に着席してありがとう。すぐ授業ができるよ」「約束を守ると信用してもらえるよ」**

（2）きまりを守っていない人に教えてあげてね

一部の子どもによって全体が「○○禁止」となれば「□□さんのせいで……」と，禁止のきっかけを作った子どもを，口に出さずとも責めるようになります。「禁止」は，原則として該当する子どもについてのみ行うことです。全体には，「○○禁止」ではなく，**「きまりを守っていない人がいたら教えてあげてね」「見て見ぬふりは，悪いことをしているのと同じだよ」「言いにくかったら，後で先生にこっそり教えてくれてもいいからね」**などと話しておけば十分です。

（3）次は気をつけようね

禁止になったきっかけを作った子どもは「ぼくたちのせいで……」と周りの子どもに「申し訳ない」と思うようになります。また，「ほかの友だちもやっていたのに……」と不公平感を抱いたり，被害者意識をもったりします。個別に**「次は気をつけようね」**とその都度，繰り返し話したり，**「今，ボールが校庭に出たままだから片付けておいで」**とその場で片付けさせたりします。また，**「次，ルールが守れなかったらボールを禁止するよ。それでもいい？」**と事前に伝えておいてもよいでしょう。

めざす子どもの姿

連帯責任をとらせるのは，今の時代にはそぐわない指導といえます。「禁止」という罰で子どもたちを動かすのではなく，子どもたちのよい姿・よい行動を見て，それを多くの子どもに広げていく指導をしていきましょう。

NGワード 21

勝手にしなさい!

子どもたちのけんかの仲裁に入ったものの，話をいっさい聞こうとしません。らちがあかなくなった教師がつい一言。「勝手にしなさい！」

休み時間夢中になって遊んでいて，授業に遅れて入って来ました。理由を問いただしても，子どもたちは何も言わず黙って立ったままです。怒った教師がこの一言。「勝手にしなさい！」

指導を繰り返していても改善されない時などに，子どもを突き放すように言ってしまう言葉です。教師が言葉による指導をあきらめた時に使いがちです。だからといって子どもたちがその後，教師の言ったとおりに勝手なことをしはじめると「勝手に何をやっているの！」と怒ったりもします。子どもは，どうしていいのかわからず困ってしまいます。

「勝手にしなさい！」には，次の問題点があります。

❶ 子どもが不安になる。

❷ 勝手に行動してしまう。

❸ 先生への不信感が増す。

こんな時はどうすればいいかわかる？

（1）端的に叱る

「勝手にしなさい！」という教師の言葉は，子どもは，この後どうしていいのかわからず不安にさせてしまいます。たとえ「謝ろうかな」と思っていたとしても，「また怒られるかもしれないし」と不安な気持ちは変わりません。もし叱るのであれば，短くズバッと端的に言うほうが子どもも「わかりました」と反省しやすくなります。そして「次から気をつけましょう」と話し，同じ過ちをさせないことが大切です。

（2）こんな時はどうすればいいかわかる？

「勝手にしなさい！」という言葉をその通り受け取って，本当に勝手に行動する子どももいます。相手の心情を察することが苦手だったり，特別な支援が必要だったりする子どもの中には，実際に勝手に動き出す子どもがいます。反抗的な態度でわざと勝手に行動する子どももいます。

この言葉を使わないことがいいのですが，指導するのであれば **「こんな時はどうすればいいかわかる？」** と子どもに問いかけてみましょう。わからない場合は教師のほうから **「こんな時は『ごめんなさい』『次から気をつけます』って言うんだよ」** と適切な行為・行動を教えましょう。

（3）落ち着いて対応する

多くの子どもは「勝手にしたらもっと怒るだろうな」と気づいています。同時に心の中で「だったら，どうすればいいんだよ」と不満を抱きはじめます。また，「先生から放っておかれた」「見捨てられた」と思う子どももいます。「勝手にしなさい！」と言っても，子どもの行為・行動も教師との関係も良くなるわけではありません。深呼吸（具体的には４秒吸って，８秒で吐く）するなど，落ち着いて対応しましょう。

めざす子どもの姿

「勝手にしなさい！」と言うよりも，落ち着いて具体的な教師の願いをきちんと子どもに伝えるほうが，子どもも教師の話を聞くことができて，めざす方向へ導いていくことができます。

宿題やってきなさい！

宿題を出します。翌日，点検をすると宿題をやってこない子どもがいます。１日忘れたのなら「仕方ないですね。次はちゃんとやってきましょう」で済ますのですが，２日目・３日目と何日も宿題を出さない状態が続くと，声に出してしまいます。「宿題やってきなさい！」「宿題しなさい！」と。

宿題についての論は別の場に委ねるとして，ここでは，宿題を出したものの，やってこない子どもがいる状態について考えてみます。宿題をやってこない理由としては，次のようなものがあります。

❶ 宿題をやる気がない。やろうとしても遊びに夢中で，宿題の優先順位が低い。

❷ 宿題をする時間がない。宿題をしようと思っていても，放課後はスポーツや音楽などの習い事をしていたり，兄弟のお世話や家庭の事情があったりして，家での宿題の時間をとることができない。

❸ 宿題をしようと思っても自分で解けない，わからない。

今日はいつごろ宿題する？

子どもの実態に応じて次のように指導しましょう。

（1）いつ宿題をするか決めておく

宿題しない一つの理由は，遊びやゲーム優先，メディア視聴の方が優先になっているからです。やりたい事を先に行い，面倒くさいものは後回しにしてしまうのが子どもの本音です。事前に学校から帰る時に，

「今日はいつごろ宿題する？」

と問いかけて，自分で決めさせましょう。自分で決めたことなら「帰ったら先に宿題をするんですよ」と声をかけるよりも効果的です。こうした子どもは，自分で自分を律することが難しい子どもです。

「誘惑に負けない力をつけようね」「やるべきことを先にすることが大事ですよ」と心の在り様に働きかけましょう。

（2）学校でやってもよい

夜遅く，習い事から帰ってきてから宿題をしたという話も聞きます。そんな子どもの場合は，学校で宿題をする時間をとってあげましょう。

「休み時間に宿題してもいいよ」「学校でやってから帰っていいよ」

（3）解けるか解けないか，わかるかわからないか，がわかるのも大事

宿題が子どもの能力に合っていなければ，子どもは「宿題をしない」のではなく「宿題ができない」ことになります。学校で解けない問題は，家で解けるはずがありません。こうした場合は，宿題を出した時，次のように話しておきます。

「わからなかったらそのままでいいよ」「どの問題ができて，どの問題ができないのかに気づくことも大事な宿題の勉強だからね」「わからなかった問題は学校で復習しようね」

めざす子どもの姿

宿題を全員がやってくるためには，全員が宿題を解けるための力をつけておかなくてはいけません。算数の練習問題などは教師のほうが意識して「この宿題を出しても大丈夫かな？」と確かめましょう。

NGワード 23

勉強しなさい！

テストの点数が今一つ。そんな子どもたちに「ちゃんと勉強したの？おうちでもっと勉強しなさい！」。宿題の漢字練習や計算練習をなかなかやって来ない子どもにこの一言。「もっと勉強しておいで！」授業に集中していない子どもに「しっかり勉強しなさい！」。子どもの学力や学習態度が不十分な場合に，教師がつい言ってしまう言葉です。

子どもたちが勉強する場所が学校です。その勉強を教えるのが教師の仕事です。ですから教師が「勉強しなさい！」と子どもたちに言うこと自体おかしな話です。ましてや家庭で「勉強してくるように」と言うのも本来は変な話です。子どもたちは学校に来て，できなかったことができるようになって家に帰るのです。「勉強しなさい！」と言う前に，全員が学校でできるように考え，工夫することのほうが大切です。

❶ 勉強への意欲が低下する。
❷ 自己肯定感を下げてしまう。
❸ 主体性がなくなる。

今，勉強で困っているところない？

（1）しっかり勉強できたね

子どもは不思議と「勉強しなさい！」と言われると，したくなくなります。子どもから「しようと思っていたのに！」と声に出さずとも反発されることが多いです。それよりも，子どもが勉強する姿を見た瞬間に**「しっかり勉強できたね」「この調子で勉強続けてごらん。力がどんどんついていくよ」**と，ほめてあげるほうが効果的です。

（2）今，勉強で困っているところない？

勉強が苦手な子どもにとって「勉強しなさい！」という言葉は，「自分は勉強ができない」という思いにさせ，「勉強したってムダ！」と自己肯定感を下げてしまうことになります。学習に困っていそうな子どもには，**「今，勉強で困っているところない？」「宿題は一人でできる？わからなかったら教えてあげるよ」**と伝えたり，休み時間や放課後に補習を行ったりしてできるようにしてあげることが大切です。

（3）一生懸命取り組ませる

教師が宿題を忘れた子どもに「休み時間，勉強しなさい！」と言い，ちゃんと休み時間や放課後に勉強している姿を見ると，うれしくなったり安心したりしてしまいます。でもそれは言われないと勉強しない状態を作っているのかもしれません。これが習慣化すると「言われたから勉強した」という受け身の姿勢になり，勉強は「先生のため，親のため」という意識にさせてしまいます。

子どもは好きなことは夢中になり，時間を忘れてやり続けます。勉強以外のこと（例えば実技教科や学活・学校行事など）について一生懸命取り組ませることが，後に「勉強もがんばろう」という考えに転嫁します。

めざす子どもの姿

子どもは，勉強の楽しさを知れば自然と自主的に勉強するものです。「勉強しなさい！」という前にしっかりと教材研究を行い，子どもに「勉強したい！」と思わせる授業をすることこそ，めざす子どもの姿への第一歩です。

NGワード 24

わかった？

算数の問題を説明して，教室のみんなに「いいですか？ わかった？」
テストを返却して，間違えた問題の復習のときに「わかったかな？」
机間指導をしていて，悩んでいる子どもに「どう？ わかった？」
このように，授業中，学習内容を確認するとき教師の「わかった？」という声をよく耳にします。

教師の「わかった？」という言葉には，大きく分けて２種類あります。

１つは，個別の指導をしながら，わからない所を確認しつつ声をかける場合です。これは個別の支援によって学力向上に導く言葉かけです。もう１つは，授業の一斉指導の際に学級全体に「わかった？」と投げかける場合です。これは「わかったよね」「わかっておいてね」という意味になります。後者の場合には，次のような問題が生じます。

❶ 教師の都合で授業を進めてしまう。
❷ 子どもの質問する機会を奪ってしまう。
❸ 教師の授業力の向上を妨げてしまう。

わからないところはないですか？

（1）隣の人と確認してごらん

教師の「わかった？」は，暗に「わかったよね」という教師自身が納得するための言葉になりがちです。

賢い子どもの「わかりました」の声に安心し，次の学習内容に移ってしまいます。本当はそこでわかっていない子どもがいたかもしれません。

「わかった？」と聞く前に，**「隣の人と確認してごらん」「今，先生が話したまとめを隣の人にしゃべってごらん」**などと確認したほうが，本当にわかったかどうかがわかります。

（2）わからないところはないですか？

教師が「わかった？」と聞いて「わかりません」と言える子どもはあまりいません。わからない子どものほとんどは静かに黙ったままです。それほど子どもが「わからない」と言うことは勇気のいることです。

わかった人を確認するよりも**「わからないところはないですか？」**と問いかけるほうが，先生に質問しやすくなり，個別の学力保障や学級全体の習熟度アップにつながります。

（3）子どもを観る目を鍛える

「わかった？」と全体に聞くよりも，それまでに「ここがわかっていないな」「ここをもう少し詳しくしておこう」と見取ることの方が大事です。わからないことをわかるように，できないことをできるようにすることが教師の仕事です。そのために子どもを観る目を鍛えなくてはいけません。授業の最後に**「今日の勉強の確認のために問題を出すけど一人で解くのが不安な人いますか？」**などと全員がわかっているかどうかを見極める技を身につけ，授業力を向上させていきましょう。

めざす子どもの姿

子ども自身が「問い」を見出し，課題を追究してみたいと思わせることが教師の役目です。積極的に「教えて」と聞いたり，自分で解決方法を探したりするなど，子ども自ら学習をコントロールする力をつけていきましょう。

NGワード 25

できた人！わかった人？

授業中，教師が算数の問題を黒板に書いてノートに解かせたり，プリントをさせたりした後の場面です。「この問題，できた人！」「わかった人，いますか？」と挙手をさせる場面をよく目にします。ハイハイ！と挙手する子どもを指名しながら授業を進めると，活発な授業の雰囲気になります。

しかし，実は一部のできる子・わかる子だけで授業が進んでいて，「できない子」「わからない子」は置き去りにしていることに気づかないことがあります。本来はそのような子どもにこそ教師は着目し，声をかけていかなくてはいけません。「できた人！」「わかった人！」という言葉自体がNGというわけではありませんが，次のような点を考えて授業を考えてみる必要があります。

❶ できない子・わからない子をそのままにしてしまう。
❷ できる子・わかる子に優越感をもたせてしまう。
❸ 学級の中に序列が生まれてしまう。

まだできていない人はいますか？

（1）まだできていない人はいますか？

「できた人！」「わかった人！」と聞いてしまうと，まだできていない子どもやわからなかった子どもを置き去りにしてしまいます。子どもに「頭のいい子ばかり相手にする」と思わせてしまうこともあります。

「まだできていない人はいますか？」と聞いて，手を挙げる子どもがいたら「正直でいいね」とフォローしつつ，**「自分で解けそう？ 教えようか？」「ヒントをあげようか？」**と全員を授業に参加させましょう。

（2）みんなができるように，わかるように

教師の発問や指示に対して，すぐにできた子どもやわかった子どもは，ほかの子どもより早くできたことに対して満足感を得ます。教師もそのことに対してほめます。問題は，教師の意識が早くできたりわかったりする子どもに偏ることです。変な優越感を与えることにもなり，「自分だけできればいい」という考えになりがちです。

「できた人は，近くの人が困っていないか見回してね」「教えてほしいって言ったら，ヒントを言ってもいいよ」などと声をかけましょう。

（3）できる子とできない子の関わりをつくる

先生が「できる子」を中心に授業を進めていくと，「できない子」は「もういいや」とあきらめモードになり，授業への意欲の差が生まれ，学級の中に序列が生まれ始めます。

「わからない人はわかっている人に聞いていいですよ」「わかった人は，わからなかった人に説明できる力をつけてね」など，できる子･わかる子とできない子･わからない子の関わりが生まれるような言葉かけをしましょう。子どもたちの関係づくりにも意識することが大切です。

♥ めざす子どもの姿

めざす姿の一つは，「みんなができる姿」です。教師側の視点にすると「みんなをできるようにする」ということです。もう一つは，「みんなでできるようにする姿」です。これは子どもたちの自主・自立の姿です。

NGワード 26

ちょっと待って!

休み時間に子どもたちが「先生！ あのね！」と教卓に集まって来ます。仕事を優先させて「ちょっと待って！」と一言。

職員室に子どもたちが「先生！ 来て！ すごいよ！」とやって来ます。「テストの採点をしているから，あとでね」と一言。教師が作業中だったり，仕事を優先させたりしたい時についロてくる言葉です。

子どもたちは今その瞬間を生きています。小学校の低学年であればなおさらです。一方の大人は，時間を有効に効率的に使おうとしています。

子どもの感動や驚きの発見などは，一緒に共有するだけで人間関係がグッと近づきます。子どもの「聞いて！」という言葉は，その瞬間だけのもの。それを「ちょっと待って！」と逃してしまうのは，次の❶～❸の面からもったいないことです。

❶ 伝えたいことを忘れてしまう。

❷ 子どもの感動を盛り下げてしまう。

❸ そのうち先生に話しかけなくなってしまう。

何があったの？ どうしたの？

（1）子ども優先で聞いてあげよう

低学年の子どもは思ったことをすぐに口に出します。子どもが「聞いて！ 聞いて！」と言いに来た時は，その時に聞いてほしいことなのです。「ちょっと待って」と言ったあと，一仕事を終え「さっき言おうとしたことはなぁに？」と聞いた時には，「なんだったっけ？」と忘れていることもしばしばです。教室で仕事をする際は，最初から「教室は子ども優先の場所」という気持ちで過ごしましょう。

（2）何があったの？ どうしたの？

子どもは感動したことやおもしろいものを見つけたら，たくさんの人と共有したがります。友だちや担任，学校にいる大人なら誰にも声をかけます。嬉々として「ねぇねぇ！」と言ってきた時は，「すごいね」「おもしろいね」「楽しかったね」と感情を共有したがっているのです。この時の教師の「ちょっと待って！」という言葉は共有を断られたのと同じ思いにさせ，興ざめしてしまいます。ちょっと手を止め**「何があったの？」「どうしたの？」**と聞くだけでも，子どもは十分に満足してくれます。

（3）3分たったらみんなの所に行くからね

教師がいつも「ちょっと待って！」「あとでね」と言っていると，子どもたちが「先生は今，宿題見ているから忙しそうだね」と先生の様子をうかがったり，「どうせ先生に言っても聞いてくれないよね」とあきらめの気持ちになったりと，だんだん話しかけてくれなくなります。どうしても仕事を優先する時は，**「今すぐの話？」「この日記のコメントが終わるまで待ってくれる？」「3分経ったらみんなの所に行くからね」**などと作業の終わりを子どもに伝えたうえで，仕事に取りかかりましょう。

めざす子どもの姿

子どもから教師に話しかけてくれるのはうれしいことです。子どもの心が教師に開いている状態です。教師を始めたころは「子どもの話をしっかりと聞こう」と思っていたはずです。初心に戻ってみることも必要です。

NGワード 27

あとね，それから，もうひとつ

朝の会や帰りの会，学年集会や全校集会など，子どもたちに話をする場面です。教師が話を終わりかけた時に「あとね」「それから」「もうひとつ」と話を続けてしまうことがありませんか？

話をしている最中に，「あれも伝えておかなくちゃ」「ついでにこれも話しておこう」なんて考えたのかもしれません。

話が長いのは，一般社会でも好まれません。短く端的に話す方が好印象になります。

これは相手が子どもであっても同じです。「あとね」「それから」「もうひとつ」などと話を続けていると，話が冗長な感じになり，内容も伝わりにくくなります。そして，子どもを次のような状態にしてしまいます。

❶ 子どもの集中力を切らしてしまう。
❷ それまでの話の内容もあいまいにさせてしまう。
❸ 教師の話を聞かなくなる。

子どもの聞く力を育てるために，教師も聞きやすい話を意識しましょう。

3つ話をするよ

（1）見通しをもたせる話し方

きちんと話を聞いている子どもは「先生の話はそろそろ終わりかな」と雰囲気を感じ取ります。その雰囲気の中で「あとね」と続けられると，子どもは「えっ，まだ続くの？」「早く終わってよ」という気持ちになってしまいます。特に休み時間前や帰りの会など，後ろに楽しい活動が待っている時はなおさらです。話をする時には**「3つ話をするよ」**とあらかじめ数字を示し，見通しをもたせておきます。そのためには教師自身が話をする前に内容を整理して「もうひとつ」と付け加えないように心がけることです。

（2）話す数を数字で示す

話が終わりかけて「あとね」と続けることによって，それまで聞いていた話の記憶をあいまいにさせてしまいます。例えば3つの話をする場合，**「3つ話をします。1つめは……。2つめは……。3つめは……」**のように，話す数を数字で示し，話す順番を意識しましょう。

（3）子どもが聞き取りやすい話し方をする

毎回「あと……」「それから」「もうひとつ」と長く，わかりにくい話し方だと，当初は「きちんと聞こう」と思っていた子どもも，先生の話自体に魅力を感じなくなり，初めから話を聞かない状態になっていきます。例えば，聞き取りやすい話し方のコツには次のようなものがあります。

a．いくつ話すのか，あらかじめ数字で示す。

b．大事なことを先に話す。

c．「～です」「～します」といった端的な言い回しをする。

d．具体的なエピソードを入れる。

めざす子どもの姿

子どもが集中して話を聞いてくれないと感じた時は，「話の内容が難しくて伝わりにくかったかな」「月曜だからまだ聞く構えが整っていないのかな」などと，教師が子どもの態度に応じて話し方を変えていくことも必要です。

NGワード 28

約束するよ

「先生！ 明日，席替えしようよ」「先生，お楽しみ会しようよ」

子どもたちは，教師にお願い事をたくさん言いに来ます。そのお願いに対して「いいよ。席替えしましょう」「学級会でお楽しみ会しようね」と返してします。「約束だよ！」という声に「わかった。約束するよ」と教師は軽く言っています。実は，ここにNGワードにつながる言葉があるのです。

それは「約束するよ」です。なぜ，子どもとの約束がNGワードなのでしょうか。それは次のような理由からです。

❶ 約束を守らなかったときに，一気に信用を失う。
❷ いつも「約束して！」と言うようになる。
❸ 約束はいつも守れるとは限らない。

子どもの世界で約束は，命の次に大事と言ってもいいくらい重要なものです。約束を破ったことが，友だちとのけんかのきっかけになることはよくある話です。子どもにとって，教師との約束も同様です。

約束はできないけれど，考えておくね

（1）約束はできないけれど，考えておくね

「先生！ 約束して！」と言ってきたら，よほど確実な用件でない限り，即答は避けます。万が一，約束をした後に，「ゴメンなさい。都合が悪くなった」と話をしても，「先生は約束を守ってくれなかった」と言います。子どもはとてもがっかりします。物わかりのいい子どもが「仕方ないよね」と言ったとしても，心の中での落ち込みはかなりのものです。だからと言って，「約束はできないよ」というと子どもたちとの関係に角が立ちます。**「約束はできないけれど，考えておくね」**と答えておき，当日に「この前○○さんが話していたからしますよ」と言うことで「先生は私たちとの約束を守ってくれた」と思わせることができます。

（2）約束をする，しない，が不信感を招く

教師がいつも約束をしていると，しきりに「約束してね！」と言うようになります。「約束したら，先生は何でもやってくれる」と思わせてしまいます。でも，たくさんの約束をしていると「先に約束をしているからごめんね」と断りを入れる場面が出てきます。すると「○○さんとは約束したのに，私とはしてくれなかった」という不満が生まれます。こうした不満が重なることで先生への不信感につながっていきます。

（3）多分，大丈夫だと思うけれど……

どんなに大丈夫だと思っていても，急に学校の予定が変わったり，会議が入ったりすることがあります。そんな時でさえも子どもたちは約束を大切に思っています。ですから，**「多分大丈夫だと思うけれど，その日まで待っていてね」**と，約束という言葉を使わずに，当日・直前まで約束は保留しておきます。

めざす子どもの姿

約束しなくても「先生はちゃんと話をしてくれる」という関係性ができていればいいです。万が一約束をしても,「先生が言うんだったら仕方ないなぁ」という関係をつくっておくことが大切です。

NGワード 29

男の子でしょ！女の子なんだから！

体育館で男の子が泣いています。どうやらドッジボールが顔にあたったとのこと。座り込んでなかなか立ち上がれません。そんな様子を見て，教師が次の一言。「ほらほら。もう泣くのをやめて。男の子でしょ」

女の子が廊下でけんかをしています。ひどい言葉づかいだけでなく，手が出てしまっています。見かねた先生が次の一言。「女の子なんだから，そんなことしちゃダメでしょ」

「男の子でしょ！」「女の子なんだから！」という言葉には，「男はこうあるもの・女はこうあるもの」という性差による社会的役割は違うものという価値観が表れており，次の問題点があります。

❶ 指導が性差によって変わる。

❷ 性差による社会的な役割を植え付けてしまう。

❸ 教師自体がステレオタイプから抜け出せない。

子どもの問題行動自体に注目すれば，あえて上記のNGワードを使う必要はありません。ポジティブワードを使った指導を考えてみましょう。

○○さん，～だからダメですよ

（1）男女関係なく，子ども一人一人を観る

男の子でも泣きたいことはあるし，女の子だって活発な子どもがいます。男子でも女子でもいけないことをすれば，どちらも同じように指導すればいいのです。わざわざ子どもを指導する時に「男の子だから」「女の子だから」という枕詞は要りません。むしろ「男の子だから」「女の子だから」という言葉を用いることで，「先生は男子と女子で言うことがちがう」「先生は女子ばかり（男子ばかり），ひいきしている」という感情を与えることもあります。

（2）「～だから，ダメだよ」「○○さん，いいね！」

「～だから……」という理由の部分を男女の性差ではなく，具体的な内容で説明して指導しましょう。左ページの例で言うと**「○○さん，体育館で座り込んでいたらほかの遊んでいる子どもにぶつかってしまうから，立ち上がろう！」「○○さん，どんなに怒っていても手を出しちゃダメだよ。どんな言い訳をしても暴力はとりかえしがつきませんよ！」**と具体的な話をします。また，**「○○さん，～だからダメですよ」「○○さん，いいね！」**と普段から名前を入れて言葉をかけていると，NGワードを使わなくてすみます。

（3）「おうちの人に……」

今の時代，母親・父親の役割が固定されていない家庭が増えてきています。母子家庭・父子家庭では，そもそも母親と父親の役割が存在しません。ですから，お便りを渡したり，宿題を見てもらったりする時には**「おうちの人にちゃんと渡すんだよ」「おうちの人に音読を聞いてもらってね」**と「おうちの人」という表現を使います。

めざす子どもの姿

男子と女子はすべて同じではありません。身体的な部分ではどうしても違いがあります。そのための配慮はしつつ，子どもたちも「男子だから」「女子だから」ということを言わない姿をめざしたいです。

NGワード 30

コラ！

何度も同じ失敗を繰り返して言うことを聞かない時。教室がざわざわしていて教師の話を聞いていない時。「コラ！」

友だちを泣かせてしまったにもかかわらずまったく反省の色が見えない時。「コラ！」と，ついつい大きな声で怒鳴ってしまうことってありませんか？ 教師が感情的になった時にも，大きな声になってしまいがちです。

「コラ！」に代表される大きな声を出して指導することについて考えてみましょう。大きな声で怒鳴ることによって，すぐに子どもは黙って姿勢を正してくれるので即効性のある指導に思えます。しかし，実際は子どもの心には響いていないどころか，以下のような，今後の指導に悪影響を及ぼしてしまうことがあります。

❶ 子どもを萎縮させてしまう。

❷ 子どもが反抗的になる。

❸ 子どもとの心理的な距離が離れてしまう。

次はこんなふうにできるかな

（1）いいかい？ 次はこんなふうにできるかな

大きな声で怒鳴られた場合，それが恐怖心や怯えといった感情となり，その後の活動を萎縮させてしまいます。先生の顔色をうかがいながら行動するので，おとなしく目立たないようになります。また，「自分はダメなんだ」という気持ちにさせ，自己肯定感を下げてしまいます。大きな声で怒鳴るよりも**「いいかい？ 次はこんなふうにできるかな」**と今後の指導を具体的に示したり，短い言葉で繰り返し指導したりするほうが長期的に見れば子どもを育てていくことになります。

（2）どうしたの？ 何か理由があったの？

怒鳴って指導した場合，子どもは怒鳴られたことだけが印象に残って，その後の指導する言葉は耳に入らず，反省よりも怒鳴られたことに対する反抗心が芽生えます。反抗的な態度をとりそうな子どもに対しては，**「どうしたの？ 何か理由があったの？」「先生に伝えておきたいことがありますか？」**と子どもなりの理由（言い訳）を聞いておきます。その上で，今後の適切な行動について話しましょう。

（3）別室で指導する

大きく怒鳴る声は，学級みんなにも聞こえます。すると(1)で書いたような教師への恐怖や恐れが全体の子どもにも及びます。また，怒鳴られた子どもに対するほかの子どもからの風当たりが強くなります。結果として学級内の雰囲気が悪くなり，人間関係がぎくしゃくしていきます。

厳しく指導をしなくてはいけないのなら，職員室などの別室で指導するとよいでしょう。また，怒鳴るという声に頼らず，真剣な表情を作ったり，目と目を合わせて話をしたりという工夫も考えましょう。

めざす子どもの姿

怒鳴りたくなった（怒鳴ってしまった）時は，子どもと同じレベルで摩擦が生まれているのかもしれません。心の中でちょっとでも子どもの上か下に立つことで，摩擦を避け客観的に子どもに言葉をかけることができます。

NGワード 31

みんなとは勉強しません！

授業中に教室がざわざわ。教師が話をしていても，子どもたちは私語をし続けています。最近ずっとこんな調子。堪忍袋の緒が切れてついにこの一言。「もう，みんなとは勉強しません！」

時には教師が教室を出て，職員室に行ってしまうことがあるかもしれません。教師は，子どもたちに対して「ものすごく怒っている」ということを態度で示し，反省を促そうとしているのかもしれません。しかし，こうした言葉を発すると，次のような大きな問題点が生じます。

❶ 子どもはどうしたらいいのか戸惑ってしまう。

❷ 子どもたちの人間関係を悪化させてしまう。

❸ 保護者が不安になる。

ただし，教師という仕事は心身ともにエネルギーをつかう仕事です。授業や子どもの指導に悩み，教室にいることが辛くなるようなことが続くこともあるでしょう。そのような場合は，自身の健康を一番に考えて，すぐに学年主任や管理職に相談するようにしましょう。

自習をしましょう

(1) 自習をしましょう

学級の様子が落ち着かなくて，感情的になってしまうことも時にはあるでしょう。特に若い先生や，指導に熱が入りやすい先生がこの言葉を言いがちです。

そんな時は，**「自習をしましょう」**と言って，教師も子供と一緒にクールダウンしましょう。同じ教室内で，静かに自習の時間を設けます。一息ついたら，「どうして自習にしたかわかる？」「先生の話を聞かずに自分たちだけで勉強できるのなら，みんなで進めてもいいよ」「ちょっと授業する気持ちにはなれなかったね」と話し，普段通りの授業に戻ります。授業を進めなくても，先生は教室にいるようにします。

(2) 子ども同士の話し合いは「賭け」と同じ

教師は職員室に行った後，「ごめんなさい。私たちが悪かったです。教室に来てください」と言いに来ることを期待してしまいます。子どもたち同士で上手に話し合いができて反省すれば最高です。でも，「○○さんのせいでしょ！」「わたしはあやまらない！」などと教室内で言い合いになったり，けんかがはじまったりすることもあります。すると子どもの人間関係までおかしくなってしまいます。教師のいない局面で子どもに全てを任すのは，賭けをしているようなものです。

(3) 学級が荒れていると思わせてしまう

教師が教室から出ていったという話は，子どもを通して保護者の耳に必ず入ります。おうちの人は「学級が崩壊しているのかしら？」「この先生，子どもたちの指導大丈夫かしら？」という噂を保護者同士がするようになります。教師への信頼感が失われていきます。

めざす子どもの姿

教師がいなくても自分たちで勉強したり，高め合ったりする姿が理想です。でも，今回のような状況はそれとは別です。まずは教室を子ども任せにせずに，教師の指導力を高めていきましょう。

NGワード 32

教室から出ていきなさい！

授業中，何度も私語を注意されたにもかかわらずおしゃべり。堪忍袋の緒が切れて「教室から出ていきなさい！」と一喝。また，先生の話を聞かずにノートにお絵かきしていて，授業への意欲が全くありません。そこで「勉強しないなら，教室から出ていきなさい！」と一言。言いたくないけど，つい言ってしまうことがありませんか？「教室から出ていきなさい！」という言葉には以下の問題点が生じます。

❶ 固まってしまう。
❷ 本当に出ていってしまう。
❸ 子どもの学習権を奪ってしまう。

ほかの子どもの学習を邪魔する場合は，懲戒として一時的に子どもを別の場所に移して指導することも必要です。ただ，いつも別室で指導するわけにもいきません。そこで，右ページのようなポジティブワードで指導しましょう。「教室から出ていきなさい！」と似た言葉に「おうちに帰りなさい！」「廊下で立っていなさい！」もあります。

この後，あなたはどうしたいんですか？

（1）この後，どうする？

「出ていきなさい！」と言った後，本当に出ていったら先生がもっと怒ることを子どもは知っています。教師は子どもからの反省の言葉を期待しいることがほとんどです。ただ，子どもにしてみれば，どう答えていいのかわからず，固まってしまうこともあります。そこで**「別室でほかの先生と勉強しますか？ 教室で勉強をしますか？ どうしますか？」「この後，あなたはどうしたいんですか？」**と子どもに選ばせましょう。みんなと一緒に勉強してもよし，別室でクールダウンするもよし，です。

（2）こっちにおいで

「出ていきなさい！」と言われて額面通りに受け取り，出ていってしまう子どもがいます。言葉に隠された相手の心を読むことが難しい特別な支援が必要な子どもが一定の割合でいます。教室から出ていかれて困るのは教師のほうです。一方的に「出ていきなさい！」と突き放すのではなく，**「こっちにいらっしゃい」**と一度教師の前に呼び，**「立ってみんなの勉強の様子を見てください」「先生のそばで勉強しましょう」**などと具体的な指示を出すほうが効果的です。

（3）授業を見学してください

教室から子どもを出す行為は，子どもの学習権を奪ってしまうことになり，体罰として訴えられることもあります。どうしても授業の妨げになるようであれば，反省を促すために一時的に机の位置を後ろなどの教室全体が見渡せる場所に移動させ，**「みんなが一生懸命勉強している様子を見ていてください」「授業を見学してください」**と同じ空間の中で過ごさせましょう。

めざす子どもの姿

「出ていきなさい！」と言われることなく，健全に育つ子どもが理想です。たとえ注意されたとしても，自分で反省の言葉が言えることが理想です。そのために反省の仕方も教えておく必要があります。

NGワード 33

罰として校庭10周！

「宿題を何日忘れたと思っているの！ 罰として校庭10周！」「そうじをさぼった罰です！ 立ってなさい！」「もうチャイムが鳴ってどれだけ過ぎたんですか！ 罰として放課後残って勉強しなさい！」さすがに今の時代，校庭を走らせたり，廊下に立たせたりすることはないでしょう。でも，子どもの不適切な行為・行動に対して，「罰として」何かをさせていませんか？ この罰を与えるということについて考えてみましょう。

❶ 学習活動への意欲が減少する。
❷ 繰り返すことで罰の効果が薄れる。
❸ 先生への反感が増す。

やるべきことをしなかった場合にペナルティーを課すことはあります。罰には，体罰以外に，知罰，徳罰という罰があります。勉強や宿題をさぼったことに対しては知罰を，そうじをさぼったり，時間を守らなかったりしたら徳罰をさせます。罰の内容が，その原因に対応していれば，子どもも納得のペナルティーになります。

あとでやろうね

（1）適切な行為・行動について語る

子どもは「これをしないと罰がある」と知ると，罰を回避するために行動するようになります。宿題やそうじなど，本来は自分のためやみんなのために行っていることさえ「罰があるからやらされる」という気持ちになります。また，教師が罰を与えることに意識が向き，適切な行為・行動を示さないと，同じことを繰り返します。**「時間を守るのは社会生活を営む最低限の活動だよ」「宿題をしなくてもあなたが100点連発しているのなら文句は言いません。その力はついていますか？」**などと，本来きちんとすべき行為・行動と，その意味について語ってあげましょう。

（2）できた子どもをほめる

できない子どもに罰を与えても，その場しのぎの解決にしかなりません。同じ罰を与え続けると，子どもが罰自体に慣れてしまい，罰の効果が薄れます。教師はさらに重い罰を与えなくてはいけなくなります。

それよりも，次のようにきちんとしている子どもをほめたり，うれしいことを与えたりするほうが効果的です。**「3日続けて宿題を全部している人は，今日のプリントはなしにしましょう」「今日は全員チャイムと同時に席に座っていたので，ちょっと早く授業を終えましょう」**

（3）あとでやろうね

罰を与えるということよりも，やるべきことを別の時間にきちんとやらせましょう。体育の授業で手を抜いていたのなら，走らせることもあるでしょう。授業中遊んでいれば，休み時間に勉強させればいいのです。**「あとでやろうね」「代わりにいつする？ 昼休み？ 放課後？」**と，不適切な言動に対応した罰のかわりをさせましょう。

♥ めざす子どもの姿

罰など与える必要のない子どもが理想です。でも，甘えた心に流されきちんとできないのも子どもの姿です。自分の不十分な点や苦手な所を知り，自己調整して成長できる子どもに育てることが必要です。

NGワード 34

あなたがやったでしょ！

子どもの上靴がなくなったという出来事がありました。周りにいた子どもの様子を聞くと，ある子どもの言動が怪しいです。その子どもは過去にも友だちの筆箱を隠すということをしていました。その子どもを呼んで次のように言いました。「あなたがやったでしょ！」

遊び道具が片付けていなかったり，落書きがしてあったりと，学校ではだれがやったのかわからない出来事が多々あります。そんな時，いつものあの子の姿が頭に浮かび，言ってしまうことのある言葉です。この言葉には，次のような危険があります。

❶「疑われた」と思い，不信感が増す。

❷ 反抗して正直に言わない。

❸ 万が一違った場合，取り返しがつかない。

長く教師をしていると「教師の勘」が働くことがあります。誰がやったかわからない出来事でさえも，「何となくあの子が怪しい」と直感で思ってしまいます。それでも，使わないほうがいい言葉です。

何か知っている人がいたら教えて

（1）周りの人が見ていたんだけど……

「あなたがやったでしょ」と言いたくなるほどの言動があったとしても，確固たる証拠がなければやめましょう。仮に本人がやっていたとしても「先生は私のことを疑っていたんだ」「いつも私を疑いの目で見ている」と感じさせてしまいます。もしも証拠があれば**「周りの人が見ていたんだけど，あなたじゃないかな？」**と問いかけます。素直に「私がやりました」と言えば「正直に言えたね」と話せばよいでしょう。言えなければ**「ウソをつくと，悪いことを増やすことになるよ。もう一度聞くけど，どうですか？」**と本人の口から言えるように促します。

（2）何か知っている人がいたら教えて

素直に反省できる子どもばかりではありません。バレたと思って反抗したり，どうしていいかわからず固まって何も言わなくなったりする子どももいます。大事なことは，同じような過ちを繰り返さないことです。周りに**「一番いいのは本人が私がやりましたって言いに来ることです」「でも，なかなか言い出せないでしょうから，もし何か知っている人がいたらこっそり教えて」**と学級全体に話しておきましょう。

（3）あなたじゃないと思うけど……

もしも「あなたがやったでしょ」と問いただした後に，別の子どもの仕業だったとわかったら「疑ってごめんね」で済む話ではありません。場合によっては，保護者から「子どもが疑われた」と訴えられることもあります。どんなにその子だろうと思ってもに**「あなたじゃないと思うけど……」「何か様子を知らないかな」**と声をかけましょう。どんなことがあっても教師は子どもの味方であるという心がけでいましょう。

めざす子どもの姿

どんな過ちでも自分から正直に言える子どもにしたいです。そのためには，先生に正直に言える関係であることが大切です。悪いことをしても，怒鳴らずに話を聞いてくれる雰囲気が教師に求められます。

（……）

NGワードと聞くと「子どもに言ってはいけない言葉」というイメージになるでしょう。でも，言葉さえかけることができなかったこともNGワードの一つとして考えることができます。

教師が子どもに対して意図的に無視することはありませんが，放課後に今日一日を思い返してみたら「あの子に声をかけてなかったな」ということがあるかもしれません。

静かでおとなしい子どもも実は先生と話したがっているはずです。「先生は私のことちゃんと見てくれているのかな？」そんな不安な思いにさせないためにも，全ての子どもとコミュニケーションを取りたいですね。コミュニケーションを取らない（話していない）ことが続くと，次のような問題が出てきます。

❶ どんどん子どもと関わりにくくなってしまう。
❷ 子どもの具体的な姿が見えなくなってしまう。
❸ 先生はひいきすると思わせてしまう。

何か困ったところはない？

（1）積極的に声をかける

教師が「話しかけてなかったな」と感じる子どもは，もともと自分から話しかけることが苦手な子どもです。教師のほうから積極的に声をかけましょう。まずは「あいさつプラス一言」でかまいません。

休み時間や給食中など目と目を見つめ合ってニコッとしたり，低学年であれば頭をポンポンとなでてあげたりすることだけでもOKです。非言語コミュニケーションも活用して関わりを増やしていきましょう。

（2）子どもの具体的な姿を知る

子どもの具体的な姿を知るための方法があります。月に一度，休み時間に学級全員の一人一人が「❶だれと，❷どこで，❸何をして過ごしているか」を記録してみましょう。すると，子どもの具体的な人間関係が見えてきます。そして，時々休み時間に，その子どもの場所に行って姿を見せたり，声をかけたりすることで「先生は私のことも見てくれているんだな」という気持ちにさせることができます。定期的に記録することで，子どもの人間関係の変化にも気づくことができます。

（3）全員にそれぞれ声をかける

元気な子どもや目立つ子どもとばかり話をしていると，「先生はずるい。あの子たちばかり」「ひいきしている」と思わせてしまいます。話をする量に偏りが出るのは仕方がありませんが，少なくとも全員に声をかけるように心がけましょう。話をしていない子どもには，授業中の机間指導の際に，一言**「いい字で書いているね」「この考えはだれも思いついていないよ！」**とほめたり，**「何か困ったところはない？」「ヒントをあげようか？」**などアドバイスをしたりするとよいでしょう。

♥ めざす子どもの姿

教室には性格的におとなしかったり，場面緘黙（かんもく）だったりする子どもがいることもあります。まずは，教師から積極的に言葉をかけましょう。その言葉があたたかいものであればあるほど，教師に心を開いてくれます。

Column ②

おもしろいもの見つけたよ！

すてきな子どもたちを育てることで有名な先生の学級を参観していた時の話です。１年生の子どもが休み時間に「おもしろいもの見つけたよ！」とニコニコしながら，ちょっと変わった石を見せてくれました。形が動物に似ている石です。

もしあなただったら，この子どもにどんな声をかけてあげますか？

「よく見つけたね」「すてきだね」こんな感じでしょうか。私も同じでした。

その先生も，ここまでは同じ。

でも，もう一言，子どもに言葉をかけたのです。

「今度また，すてきなものを見つけたら教えてね」

子どもはニコニコして去っていきました。きっとあの子どもは，お気に入りの何かを見つけたら先生に見せてあげることでしょう。

この先生の言葉は，「こんなことがあったら，こう言おう」と計算して言葉かけをしていません。その先生から自然と出てきた言葉です。先生の人間性がその言葉を生み出したのです。

NGワードやポジティブワードを知っておくことは，心構えにはなります。

でも，とっさの時にどんな言葉が出てくるのかは，その先生の人間性にかかっているような気がしました。当時の私には程遠い人間性……。

授業力とともに，人間性も高めるために学び続けていかなくてはと思ったエピソードでした。

第3章

保護者に伝えたい
子どもを育てる言葉かけ

学級懇談会での話題第１位は，子どもの対応に困っていて「みなさんどうしていますか？」と尋ねる話題です。おうちの人も子どもへの言葉かけに困っています。そこで家庭でのNGワードを話題にして，子どもの成長に向けて協力していきましょう。

その言葉 ちょっと待った

家庭でのNGワード 36

お兄ちゃん・お姉ちゃんはできたのに

子どもがテストを持って帰った時のこと。30点だったテストをおうちの人に見せてこの一言。「うーん……。お兄ちゃんはもっとできたのに……」

明日は運動会。運動が得意な姉は「リレーのアンカーだから楽しみにていてね！」と言ってきます。おうちの人が「期待してるよ！」と言った後，妹に向かって一言。「お姉ちゃんは運動ができるのにねぇ……。なんでかなぁ」

保護者は様々なところで弟・妹に対して，兄・姉と比べてしまいます。それもいいところを比べるのではなく，できないところ・悪いところを見てしまっています。この言葉かけで次のような問題が出てきます。

❶ 自己肯定感を下げてしまう。
❷ 親から愛情を受けていないと感じる。
❸ 兄弟姉妹の仲が悪くなる。

ここでは，弟・妹が兄・姉と比べて今一つ，という表現で書いていますが，逆の立場で兄・姉に対して言う言葉かけも同様です。

前よりもできるようになったね

（1）名前で呼び，子どもの良いところを見る

「お兄ちゃんはできたのに，なんでできないの？」と声をかけることによって「ぼくはできない子なんだ……」「どうせ自分なんか……」とあきらめの気持ちが生まれてきます。できないことに対しては，「お兄ちゃんを見習いなさい！」と言ったりもします。

「同じ兄弟なのに……」と思う気持ちはわかります。でも顔が似ていても，性格や能力は一人一人違います。比べるのではなく，兄弟姉妹それぞれの名前を呼び，子どもの良いところを見てあげましょう。

（2）前よりもできるようになったね

お兄さん，お姉さんと比べられて生活していると，「お兄ちゃんばっかりほめてもらえる」「お姉ちゃんばっかり可愛がってもらえる」と，親の愛情が兄弟姉妹によって偏りがあると感じてしまいます。

兄弟姉妹を平等に接するのは，それぞれの学年や成長度合いによって違うので難しいところです。それでも兄弟姉妹で比べるよりも，その子どもが**「前よりもできるようになったね」**と，その子どもの過去と比べてあげるとよいでしょう。

（3）仲の良い兄弟姉妹になる秘密

何もしなくても兄弟げんかは起こるもの。そこに親からこの言葉を聞かされ続けていると，不公平感を生み，兄弟姉妹の間にやっかみの感情が生まれてしまいます。子どもは，おうちの人にほめられ認められることによって，安心して家庭で過ごすことができるようになります。誰とも比べられずに育つことで，家庭で安心して過ごせるので，兄弟姉妹が仲良くなっていきます。

♥めざす親子の関係

兄弟姉妹がみんな同じように取り組むことが理想のように思えますが，一人一人，みんな違います。兄弟姉妹それぞれが自分らしさを発揮できることが何より大切です。

○○さんに負けちゃダメよ！

「今日はスポーツテストで50メートル走を測るんだよ」という子どもの声に対して「○○さんには絶対に勝つんだよ！」というおうちの人の一言。「明日はテストだ！ 勉強しておこう」と言った子どもに対して，「○○さんに負けちゃダメよ！」とはっぱをかける一言。

親が子どもに対して，友だちとの競争をあおることがあります。相手は近所の子どもだったり，幼稚園や保育園時代の同級生だったりします。子ども自身が友だちをライバルとして切磋琢磨しているならいいのですが，保護者が特定の誰かとの競争をあおりたてるのは次のような問題が出てきます。

❶ 友だちを仲間としてみることができなくなる。
❷ 勝敗がすべてと思うようになる。
❸ プレッシャーに押しつぶされる。

似たような言葉に「絶対に１位を取るんだよ」「友だちに負けちゃダメだよ」などがあります。

全力を出すんだよ

(1) 全力を出すんだよ

おうちの人の「○○さんに負けちゃダメよ！」と競争をあおる言葉によって，友だちを比較の対象として考えてしまいます。常に誰かと比べ，競うことによって自分の満足感を得ようとしてしまいます。

友だちを倒すべき敵のように考えてしまいます。それよりも**「全力を出すんだよ」「精一杯がんばるんだよ」**と自己ベストを出すように声をかけましょう。

(2) がんばってね

おうちの人が勝ち負けにこだわっていると，普段の活動に対して勝ち負けにこだわるようになります。体育の授業では「強ければいい」「勝ったからいい」とか，勉強なら「100点さえとればいい」「勉強さえできればいい」という自己中心的な考えになってきます。

学校は，お互い協力しながら高め合う場です。勝っても負けてもお互いのベストをたたえあえる人間関係をつくっていくことを教師は考えています。過度な競争意識を植えつけることは控えたいです。単純に**「がんばってね」**と声をかけるだけで子どもは喜んでくれます。

(3) 応援してるよ

おうちの人からの「○○さんに負けちゃダメよ！」という言葉によって，常に勝ち続けなくちゃいけないというプレッシャーを抱えてしまいます。その友だちに勝ったとしても，常にその友だちに勝ち続けるか，別の誰かに勝つことを強いられるか，常に勝ち負けを意識していきます。

それよりも**「応援してるよ」「大丈夫，大丈夫」**とリラックスする言葉をかけましょう。

めざす親子の関係

勝っても負けても全力で取り組み，結果がどうであれ充実した活動ができる子どもが理想です。みんなで協力したり，みんなのがんばりをたたえたりできる子どもに育てていきましょう。

○○しないと捨てちゃうよ

おもちゃで遊んでいたものの，片付けずに次の遊びをし始めた時に言ってしまう言葉「片付けないと，捨てちゃうよ！」

家に帰ってゲームばかり。「宿題は？」と聞いたら「後でやる」という返事。夕ご飯を食べ終わったら，またゲームをしています。そこでこの一言。「もう！ 宿題しないとゲーム捨てるからね！」

子どもの不適切な言動に対して，大切にしている何かを捨てるという一種の脅しとして，保護者の望ましい姿にしていこうとするところに問題があります。例えば次のようなものです。

❶ 親への反抗心が芽生える。
❷ 親との信頼関係が崩れてしまう。
❸ どうせ口先だけだと思わせてしまう。

「捨ててしまうよ」と言ったとしても，どれだけ本気で捨てようと思っていますか。捨てる時に，ついお金のことが頭に浮かんでしまうのではないでしょうか。そんな大人の姿は子どもも気づいています。

～したら…しようね

（1）～したら…しようね

「捨てる」という言葉に対して，反抗的な態度になることがあります。それよりも「適切なことをしたら，次のことができる」と話すほうが有効です。例えば，**「片付けたら次の遊びをしようね」「宿題が終わってから，ゲームをしていいよ」**のように，まずやるべきことを示し，それが終わったら次に進むという手立てを示します。そのためには，ゲームを始める前に話をしておかなくてはいけません。ゲームをしすぎるような気配があるのなら，事前にルールを決めておくとよいですね。

（2）一緒にやろう

「捨てちゃうよ」と言われて，すぐに言うことを聞くのは低学年の最初のうちだけです。何度も「捨てちゃうよ」という言葉を使って従わせようとしていると，そのうち「どうせ捨てないんでしょ」ということがばれてしまい，この言葉自体の効果がなくなってしまいます。さらに，「捨てもしないのに嘘をつくなよ」という心情にさせ，親との信頼関係が離れていきます。それよりも，**「片付けを一緒にやろうか？」「宿題を一緒にみてあげるよ」**と，一緒に次の活動に向けて取り組むほうが子どもとの関係も良くなります。

（3）預かるよ

かなりの荒業ですが，本当に捨ててしまいましょう。子どもの不適切な行動が目に余るようなら，親も本気で対応するしかありません。一度，大切なものを捨てられてしまえば，子どもは次から本気になります。ただ，「捨てる」なら，まずは「預かる」ほうがいいでしょう。ですから**「～しないと預かるよ」**と言って預かって，しばらく反省させましょう。

♥ めざす親子の関係

親から何か言われる前に，自分からやるべきことができる子どもが理想です。でも，一つのことに夢中になってしまうのも子どもの特性です。「捨てちゃうよ」と言う前に，家族でルールを決めて話し合っておきましょう。

怒るよ！

おうちでの会話です。「宿題したの？」「まだ～」「ずっとゲームしてたでしょ。すぐ宿題しないと怒るよ！」

「学校の先生から電話があったよ。何したのか自分で言ってごらん」「えっと…（沈黙）」「なんで黙ってるの！ 早く言わないと怒るよ！」

おうちの人の言う「怒るよ！」。でも，この時もうすでに怒っている状態です。きっとおうちの人は「怒られる前に～しなさい」というメッセージを込めているのでしょう。「怒るよ」と似ている言葉に「怒られるよ」という言葉があります。「～しないと怒られるよ」のように使われます。いずれも「早く（今）～しなさい」という意味です。この言葉，子どもからしてみれば，すでに怒られているのと同じ状態です。この言葉かけには次のような問題点があります。

❶ 仕方なく言うことを聞く。

❷ 反感を買う。

❸ 脅さないと動かなくなる。

今，やってごらん

（1）今，やってごらん

おうちの人が「怒るよ！」「怒られるよ！」という時には，今すぐやってほしいと願っています。ですから，わざわざ「怒るよ」と言わなくても**「今，やってごらん」**と言えば十分です。「怒るよ」という言葉がそのまま怒った様子で子どもには受け止められます。仮に言うことを聞いたとしても，「面倒くさいなぁ」と仕方なく聞いたことになり，本人の自主的な力にはなりません。

（2）～してくれたら嬉しいな

高学年になると「怒るよ！」などの命令・指示の言葉にたいして「うるさいなぁ」と反抗的な態度をとることがあります。「怒るよ」という言葉自体が，相手にきつく受け止められがちな言葉ですので，この言葉をきっかけに親子げんかが始まることもあるのではないでしょうか。そこで，**「～してくれたら嬉しいなぁ」**と感情を加えて話しましょう。

（3）怒らない

「怒るよ！」という言葉は，この後に嫌なことが待っているという，不安を駆り立てての言葉かけです。最初は効き目があるかもしれませんが，だんだん子どもはこの言葉に慣れていきます。繰り返すたびに，「怒るよ！ と言われるまでは大丈夫」「怒るよ！ と言われたらゲームをやめよう」とどんどん自主的な姿からは遠ざかっていきます。

基本は怒らないことです。親の怒る態度は，そのまま子どもが真似をします。親に「怒る態度」をすることはありませんが，兄弟姉妹や友だちに同じような態度をとります。怒るよりもほめながら子どもと関わるにこしたことはありません。

♥ めざす親子の関係

自分でその先を見据えて行動できるといいですね。ただ，子どもの発達段階によっては難しい場合があります。そんな時も，ほめて育てるほうが子どもは自然と自立していきます。

家庭での
NGワード 40

前の先生は……だったよね

4月，保護者は「今年の先生どう？」と子どもに聞きます。子どもが楽しそうに話をしていたらいいのですが，教師への不満を家で言うこともあります。「今度の先生は宿題が多い」「今度の先生は席替えを先生が決めるんだ。前の先生はくじ引きだったのに」などです。そんな時，保護者が子どもの声に「今年の先生は困ったね」「去年の先生は～してくれたのにね」と調子を合わせていませんか。

子どもの不満に同調することを含めて，教師に対する不満を子どもの前で話すのは百害あって一利なしです。

❶ 学校（授業）への意欲が減退する。
❷ 先生との関係がさらに悪化する。
❸ できないことを人のせいにする。

担任は，みな一人一人を大切にし，みんなに力をつけてあげようと思って取り組んでいます。過去を懐かしむよりも，今の担任と望ましい人間関係をつくっていけるような言葉かけを考えてみましょう。

そうかそうか

（1）ふーん，そうかそうか

「もう！ 今度の先生ったら……」「聞いてよ！ 先生がね……」とおうちに帰ったら学校の話題を口にするのではないでしょうか。楽しかった話，嬉しかった話なら一緒に盛り上がってもいいのですが，先生への不満であれば，ちょっと待ってください。ここで一緒に「前の先生だったら……」と言ってしまうと，学校で先生と勉強する意欲がどんどん失われていきます。子どもが学校の不平・不満を言っている時は**「へ～，そうなんだ」「そうかそうか」**と受け流しましょう。無理に教師の味方になる必要はありません。子どもの声はしっかり聞いてあげましょう。

（2）勉強はちゃんとやること

親が子どもと一緒に先生の不平・不満を言っていると，子どもは後ろ盾ができたと思って安心します。学校でも教師に対して「だって親も先生のこと……って言っていた」などと反抗しはじめます。教師との心理的な距離感も離れ，関係が改善されません。結果的に授業に身が入らず学力が低下していきます。不平・不満に同調せずに**「勉強だけはちゃんとやるんだよ」**と声をかけましょう。勉強は一人でもできます。

（3）親に困らせるようなことはしてないよね

子どもは，たいてい自分のことを棚に上げて不平・不満を言います。自分の都合の悪いことはまず語りません。親が一緒に「前の先生だったら……」と言うことによって，自分に都合の悪いことは，先生のせいだと捉えるようになります。そこで**「あなたは先生に困っているけど，親に困らせるようなことはしてないよね」**と声をかけておきましょう。子ども自身の生活を振り返ることになります。

♥ めざす親子の関係

子どもと教師が良好な人間関係を築き，学校生活が充実することが理想です。そのためには家庭の協力が欠かせません。保護者と教師が良好な関係になっていれば，自然と子どもと教師も良好な関係になります。

Column ③

心はどこにある？

研究授業の参観を終えた後，隣にいた校長先生が「○○先生は力がついてきたなぁ」とポツリと言いました。「教師の力がついたかなんて，どこでわかるんですか？」と聞いてみました。すると「言葉づかいでわかるよ」と言ったのです。

歌手・長渕剛さんの幼少時代，お母さんとのエピソードです。小学生のころ，習い事をさぼった時のこと。それがバレて神仏の前に正座させられました。お母さんから「行ってないよね」と言われて「行った」とウソを。もう一度「２回目聞くよ。行ってないよね」と言われて「いや，ちゃんと行ったんだ」とまたウソを。そして「ウソだよね。行ってないよね」と３回目に聞かれてさすがに後ろめたくなって，黙ってしまったそうです。良心の呵責に苛まれたそうです。

お母さんはさらに「心はどこにある？」と問いかけたそうです。「うーん……この辺？」と胸のあたりを指した剛さん。お母さんは「どこだかわからないから，自分の心を示すために言葉と行動があるんだよ！　言葉と行動そのものがあんたの心！」と諭したそうです。生涯ウソをつかないで生きてきたわけではないけれど，人を不幸にするようなウソは小さいころから言わないようにしてきたそうです。（参考：『致知 別冊「母」2022』致知出版社）

先の校長先生は「力のある先生はみんな言葉づかいが美しい。力がついたら言葉が変わるよ」と言っていました。教師の言葉は，心の表れかもしれません。それ以来，私も話す言葉を意識して，丁寧な言葉で接するようにしています。

第4章

前向きな気持ちになる教師同士の言葉かけ

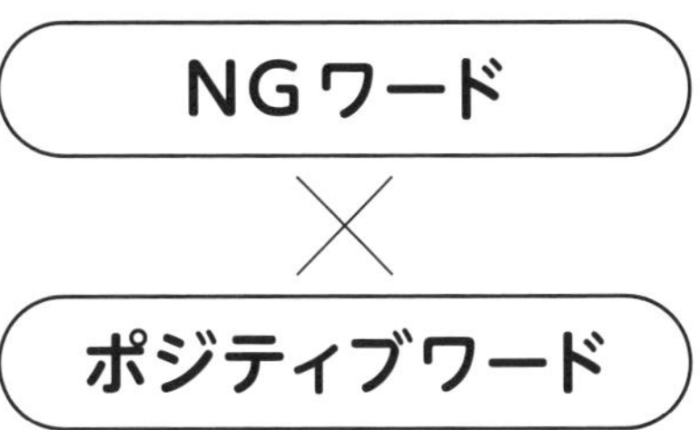

子どもは先生の写し鏡です。思い描いた子どもの姿以上には成長しません。先生の教育観は先生同士が話している言葉の中に表れます。先生同士がポジティブに仕事に取り組み，共に未来を見据え子どもを育てていきましょう。

その言葉 ちょっと待った

職員室での NGワード 41

子どもの実態に合わせて

校内研究のテーマを決める職員会議の場面。新しい提案をした際に誰かが一言。「子どもの実態に合っているんですか？」

学習発表会や音楽会などで行う演目を決める時に相談していてこの一言。「子どもの実態に合わせたものにしましょう」

教職員で何かを一つに決める際によく使われる言葉です。「子どもの実態」とは一体何でしょう？「今，現在の子どもたちの状態」を示す言葉として使われます。子どもの現状を見極めておくことは大切です。しかし，現状から少しでも理想像に向けてレベルアップさせていくのが教師の仕事です。教師の理想像なくして子どもの成長はありません。「子どもの実態に合わせて……」と言うことで，教師の「こんな子どもに育てたい」という大切な願いを打ち消してしまうことに問題があります。

❶ 子どもの現状以上に育てることができない。

❷ 教師が楽をしてしまう。

❸ 理想像を理想のままにしてしまう。

こんな子どもに育てたい

(1) こんな子どもに育てたい

子どもの現状と教師の理想像の差があるからこそ，そこに指導が生まれます。それを「子どもの実態に合わせたものに」と言ってしまうと，一番大切な理想像が低く設定されてしまいます。教師の理想像以上に子どもは育ちません。むしろ理想像まで届かないことがほとんどです。ですから，子どもの実態に合わせるよりも，教師が **「こんな子どもに育てたい」** とか **「私の理想の学級はこんな学級！」** と高い理想の子ども像を具体的に描き，少しでも近づけようと取り組むことが大切です。

(2) 教師の指導によって子どもは伸びる

「子どもの実態に合わせて……」と言うときは，提案されたテーマや演目に対する否定的な意見が暗に含まれている場合があります。子どもの実態に合わせることは，普段通りの指導でいいので教師にとっては楽です。理想像に向けて指導を工夫するほうがよっぽど大変ですし，子どもたちもいつもどおりに指導してもらったほうが楽です。ただ，教師の指導によって子どもがどんどん伸びていってくれるほうがよっぽど楽しくて，やりがいをもって仕事に臨めると思いませんか？

(3) 理想に向かって

「子どもの実態には合っていないから，それは難しい」と言ってしまうと，よりよく指導しようとする思考が停止してしまいます。より高い姿に子どもを育てていく（「人格の完成を目指す」教育基本法第１条）ことが教師の使命です。教師が **「こんなことができる子どもに育てたい」「学習発表会は，この歌（曲・劇）でこんな子どもに育てたい！」** という理想像が高ければ高いほど，子どもたちは伸びていくものです。

めざす教師の姿

子どもには伸びていく可能性があります。教師になった初心に立ち返り，理想とする子ども像を思い描いて指導に当たってみてください。それが「教師」という仕事の楽しさ，おもしろさにつながっていくはずです。

その言葉 ちょっと待った

職員室での NGワード 42

疲れた，疲れた・忙しい，忙しい

教室から職員室に戻って「あー疲れた」と一言。机の書類に目を通し「忙しい，忙しい」と一言。会議室へ行きながら「忙しいなぁ」と一言。知らないうちに「疲れた」「忙しい」を口にしていませんか？

教師という仕事は，体力的にヘトヘトになりながら仕事することもあるでしょう。実際に仕事量も多岐にわたり，時間はいくらあっても足りません。職員室に帰った時くらい「疲れた」「忙しい」と言いたくなる気持ちはわかります。でもこの言葉を言ったから疲れがとれるわけでも忙しさが減るわけでもありません。むしろ，次のようなことが生じます。

❶ もっと疲れを感じたり，もっと忙しさを感じたりする。
❷ 周囲の雰囲気を悪くする。
❸ 労働への感謝を忘れる。

不平・不満を言葉にしても，疲れや忙しさは解決しません。それよりも，その原因を取り除いていくほうに注視しましょう。本当に心身に不調をきたす「疲れ」「忙しさ」は，早めに管理職などに相談しましょう。

今日もがんばった！

（1）今日もがんばった！

普段から「疲れる」「忙しい」と口に出していると，疲れる原因や忙しい状態にばかりに目が向きます。それこそ何かに「憑かれた」ようになったり，「心を亡くす」状態で過ごすようになったりします。ネガティブな言葉は，ため息とともに心身の忍耐力や耐久力をなくしてしまいます。

忙しい状況はみんな一緒です。一息つく言葉を**「今日もがんばった！」「今日もよくやった！」**と自分を労う言葉に変えてみましょう。

（2）充実してるなぁ

「疲れた」「忙しい」という気持ちはわかります。でも，子どもたちの前では教室の雰囲気を暗くします。「遊びに誘うのは止めようよ」「近寄らないほうがいいな」など，子どもからの関わりが減っていきます。

また，職員室での「疲れた」「忙しい」という言葉はストレス解消にもなるでしょう。ただ，周囲で耳にする教師にとっては，その言葉がストレスになることもあります。それよりも，あえて**「充実してるなぁ」「楽しくさせてもらっているなぁ」**とポジティブに言ってみましょう。

（3）ありがとう

私たち教育公務員は，景気の変化に関係なく，毎月安定した給料が支払われます。保護者の中には，日々の生活に四苦八苦している方もいます。仕事量が給料に見合っているかどうかは別にしても，日々の生活に悩む事はありません。初任の時に手にした給料の嬉しさもいつの間にか当たり前になり，働くことの感謝の心を忘れてしまっています。毎日の忙しさは，期待され頼まれたことの結果と感じれば，毎日の「疲れる」「忙しい」日々も**「ありがとう」**と感謝することができます。

めざす教師の姿

疲労度や多忙感はその人の感じ方によります。教師の疲労度や多忙感は，子どもたちに伝わります。先生は子どもの写し鏡です。先生がポジティブな姿でいることが，めざす子どもの姿につながっていきます。

この程度か……

テストの採点をしていて平均点がいまひとつ。「うーん，この程度か……」授業中，挙手を求めても手がなかなか挙がらない時。朝の会で歌を歌わせていて小さな声だった時。リレーのバトンパスが思ったよりもうまくいかなかった時。新学期や新しい学習活動を始めた時，子どもたちに聞こえないように「この程度か……」と，つい出てしまう言葉です。

職員室や学年会で，この年の子どもたちの様子を話題にした時に「もうちょっとできると思っていたけどなぁ。この程度か」と言っていませんか？「もう少しできてほしかった」という教師の期待値が高かった場合や，「前の学年はもっとできたのに」と比較した時にこの言葉が愚痴のように出てきます。

こうした言葉を口にしていると，次のような問題が出てきます。

❶ 子どもが伸びなくなる。

❷ 理想像を下げてしまう。

❸ できないことを子どものせいにする。

もっと伸びるぞ

（1）まずはここから

子どもの現状はこれまでの指導の結果です。「この程度」と思ったのであれば，「この程度しかできなかった指導だった」と言うことです。この言葉の裏には，「もっとできると思っていたのに」という期待外れな気持ちがあります。この言葉が，指導をあきらめる言葉になった場合，子どもの伸びを鈍らせます。それよりも，「この程度が現状。それが確認できた！」と割り切って**「まずはここから」「今はこの力。ここからここから」**と，どれだけ伸ばせるかポジティブに捉えましょう。

（2）もっと伸びるぞ

「この程度か……」と言う言葉を繰り返していると，「まあ，この程度でいいか」と妥協することにつながり，教師がもともと願っていた理想像を下げてしまいます。本来は力をもっているのに成長できないのはもったいないです。子どもは教師の願っている以上には伸びません。「この程度か」ということは理想像との差が大きいので，**「もっと伸びるぞ」「まだまだ伸びしろがあるよ」**と声をかけ合うほうが今後の指導の工夫にもつながっていきます。

（3）どんな工夫をしてみようか

「この程度か……」という言葉によって，できない責任を子どものせいにして，過去や現在の教師の指導を棚に上げています。それよりも**「次どうしようかな」「この程度だから，今どんな工夫をしてみようか」**と，その先の指導につながる言葉を発しましょう。PDCAサイクル（Plan〔計画〕―Do〔実行〕―Check〔評価〕―Action〔改善〕）を意識することで，「この程度（現状）」が次の指導のへの流れを生みます。

めざす教師の姿

最初から，成績よし・運動よし・生活態度よし，という子どもに出会えればよいのですが，まずそんな子どもはいません。いつだって，目の前にいる子どもの姿は，そこにいるだけで百点満点です。

その言葉 ちょっと待った

職員室での NGワード 44

○年生の時の指導が……

高学年になっても九九を覚えていない○○さん。算数の学習が難しくなっていくものの，かけ算の筆算やあまりのあるわり算が苦手です。そんな子がたくさんいて復習に追われます。そんな時に「低学年の時の指導がちゃんとしてあればなぁ」と一言。

体育でとび箱がとべない子がたくさんいます。早く閉脚跳びや台上前転を指導したいのに。そんな時にこの一言。「前の学年で指導しておいてくれたらなぁ」

学級崩壊といわれる状況が過去にあって学習が落ち着かない時期など，こうした言葉が聞かれます。でも，過去の指導に八つ当たりしても，子どもは何も変わりません。むしろ，次のような問題が生じます。

❶ 責任を転嫁する。
❷ 指導をあきらめる。
❸ 旧担任の批判になる。

まずは目の前の子どもに対し，どう指導し，育てていくかが大切です。

ここから挽回

（1）ここから挽回

子どもたちの現状は，これまでの指導の結果です。実際に，過去に学級が落ち着かない時期があったということは，どこでも起こり得ることです。でも，そのことを今の担任が嘆いても何も変わりません。新年度から１週間も過ぎれば，子どもの現状は，もう今の担任の責任です。

それよりも現状把握をしっかり行い，**「よし，ここから挽回」「どれだけ伸びるかな」**と子どもたちをどう指導していくかを考えましょう。

（2）復習すべき内容がわかった！

「○年生のときの指導が……」とかつての指導のせいにすることで，指導をあきらめて，教師自身の指導意欲を減退させます。それよりも，かつての指導ができていない内容がわかったら，**「ここから復習すればいい」「復習すべき内容がわかったぞ」**と前向きにとらえた方が，子どもたちのためになります。

（3）前の先生もがんばっていたんだね

前の学年の指導に対する不満は，そのまま当時の担任していた教師への不満・批判につながります。この言葉を職員室で使っていると，当時の先生がいないとしても，旧担任の批判・悪口に聞こえます。

「○年生の時の指導が……」という言葉は，「１年生がちゃんとしてくれない」「６年生がしっかりしない」などと，子どもを通して教師批判をしているのと同じことになります。「目の前の子どもは自分で正す」くらいの気概をもってポジティブになりましょう。

これまで担任した**「先生もがんばったんだね」「あのころは大変だったね」**と労わって，毎日の指導に力を注ぐほうがよいでしょう。

めざす教師の姿

担任した子どもたちに当該学年の力をつけ，次の学年に引き継ぐことが理想です。でも現実はそうなりません。不十分な子どももいるけれど，それを次の担任にお願いしながら今より成長させていくのです。

○○教材さん

テストやドリル，理科の実験道具に図工の教材セット。学校は地域ごとにいくつかの教材会社と提携し，教材を持ってきてもらっています。その教材会社の方が来た時に，教師は教材会社の名前で声をかけています。例えば「○○教材さん！ 実験セットは理科準備室に置いておいて」「○○商事さん！ 注文お願いしたいんだけど」などです。この呼び方がNGと言うわけではないのですが，一般の社会でどうなのかなと考えてみたくなる言葉かけです。

❶ 会社を意識して，担当者を意識していない。
❷ 教材会社の人を軽く扱ってしまう。
❸ 学校の評判を落としてしまう。

学校の教育活動は，様々な方の協力の上に成り立っています。特に授業では，上記のような教科書以外の副教材を使って学習する場がたくさんあります。教材会社さんのおかげで仕事ができていることを考えると，学校に来てくれる担当者さんに感謝したくなるはずです。

○○教材の□□さん

（1）○○教材の□□さん

学校に来てくれる教材会社の方も，個人の名前をもっています。できるだけ**「○○教材の□□さん」**と声をかけましょう。何度も教材を注文していると，「この教材はあの方」と教材会社と担当者が一致してきます。その際に，相手意識をきちんともって，教材会社ではなく，一人の人と話をする意識で対応しましょう。お互いに親しみと感謝の気持ちが出てきます。子どもと対応する時と変わりません。固有名詞で語りかけましょう。

（2）いつもありがとう

「○○教材さん」という言葉は一つの例ですが，「先生，先生」と呼ばれるうちに，教師は知らないうちに偉そうな態度をとってしまっていることがあります。例えば，相手が立って話しているのに机や椅子に座ったまま対応していませんか。また，丁寧に話してくれているのに「そこに置いといて」などとぶっきらぼうに話していませんか？

教材会社の方と話すときには，一言**「いつもありがとう」**と声をかけましょう。お互いの関係がよくなっていきます。

（3）教師は観られている

多くの学校に出入りする教材会社の方は，学校の雰囲気，職員室の様子を敏感に感じています。この学校は明るい雰囲気だな，暗い感じがするな，雑然しているな，などです。これらは子どもたちの姿によるものだけではなく，教師の姿も入っています。教師の自分への対応や子どもとのやり取りの様子や，言葉づかい，机の上の様子，身だしなみなどです。「教師は観られている」と思っておきましょう。

めざす教師の姿

子どもの姿は教師の写し鏡ともいわれます。教師は「先生の常識は世間の非常識」「先生と呼ばれるほどの馬鹿はなし」などと揶揄されることもしばしば。教師自身も学びを続け，人間力を高めていきましょう。

Column ④

おもしろいこと言って！

山間の小さな小学校で６年生を担任していた時のこと。その地域は，４つの小学校が合同で修学旅行に行きました。担任する子どもたちが「私たちの先生，おもしろいんだよ！」と隣の学校の子どもに話していました。すると，隣の学校の子どもが私の周りに寄ってきて，次のように話しかけてくるのです。

「ねえねえ，何かおもしろいこと言って！」「何かおもしろいことやって！」いやいや，私は芸人じゃありません。それでもと，とっておきの話をしたものの，「うーん……あまりおもしろくないね」と子どもたちが退散していきます。そりゃそうです。私は素人で，すべらない話も一発芸もありません。芸人さんは笑わせるプロです。綿密な展開と出演時の役割があって，瞬発力があります。

担任する子どもたちが他校の子どもに「おもしろい」と言っていた理由を考えてみました。きっと私が子どもの話を聞いて，そこから話を楽しく拡げていたからだろうと思います。

『人は話し方が９割』（すばる舎）の著者，永松茂久さんは「話し方よりも聞く力が大切」と言います。具体的には次の順で相手の話を聞くとよいそうです。①「すごい！ すてき！」という感嘆，②相手の話を繰り返す「反復」，③「よかったね」という「共感」，④「いいね」という「称賛」，⑤相手の話に対する「質問」。

担任していた子どもたちが言う「おもしろさ」は，私と子どものやり取りの中で生まれていた笑顔や笑い声のことだったんじゃないのかなと思っています。

おわりに

本書の執筆に取り組もうとした最中，母が病気で倒れ，急逝しました。

母が最後，私にかけた言葉は「笑顔，笑顔」でした。「笑顔でいれば，いいことがある。あなたは笑顔でいなさい」と。私が病室で悲しい顔をしていたからでしょうか。学生時代にしかめっ面をしていたのを思い出したのでしょうか。

母は常にポジティブでした。私に嫌なこと，辛いことがあっても「はい！ 切り替えて！」「もうおしまい！」「次の幸せを探す！」とはっぱをかけてくれました。

今，私はずっと笑顔でいます。葬儀の時も不謹慎ながら笑顔でした。笑顔でいると不思議と心が晴れやかになります。悲しみも笑顔の中に含みながら，今日一日がんばろう！と思って過ごしています。

たった一つの言葉で人は元気になります。時には，その言葉がその後の人生を左右する言葉になるかもしれません。でも，それは言葉かけをした側よりも，言葉を受け止めた側がどうとらえたかに任されているのだろうと思います。それでも，教師がよりよい言葉をかけ続けることによって，子どもが変わるきっかけになると信じています。この本を読んでくださった先生方やその子どもたちが，ポジティブな言葉かけによって幸せな人生を送れることを願っています。

本書は，2022年３月から2023年５月にわたり，日本標準Webサイト「教師のチカラ　NEXT」で月２回，計30回連載した「教師のその言葉かけ，大丈夫？　局面指導のNGワード×ポジティブワード」を大幅に加筆・改訂して，まとめ直したものです。(日本標準Webサイトにて今も公開中　https://www.nipponhyojun.co.jp/)

本書の執筆・Web連載につきましては，日本標準の大澤彰さん，福永朝子さんに大変お世話になりました。記して感謝申し上げます。ありがとうございました。

2023年９月

広山隆行

[著者紹介]

広山隆行（ひろやま たかゆき）

1972年　島根県松江市生まれ
1996年　島根大学教育学部卒業
1998年　島根大学大学院教育学研究科修士課程修了
1998年　島根県公立小学校
2023年　島根県松江市立大庭小学校（現在）
教育研究団体「道徳のチカラ」小学校代表
「特別の教科 道徳」小学校教科書編集委員（Gakken）

【主な著書】
『国語授業　発問・言葉かけ大全』『小学校高学年　困った場面の指導法』
『小学校低学年　困った場面の指導法』（以上，明治図書）　他多数
【編著書】
『道徳読み』（さくら社）『子どもが変わる局面指導』『子どもが変わる局面指導Ⅱ』
『「局面指導」が学級を変える』（以上，日本標準）
【共　著】
『とっておきの道徳授業①～⑩，⑫～⑳』（日本標準）

デザイン：北路社
イラスト：アライヨウコ

教師は言葉かけが９割
局面指導のNGワード×ポジティブワード

2023年10月30日　第1刷発行

著　者――広山隆行
発行者――河野晋三
発行所――株式会社 日本標準
〒350-1221　埼玉県日高市下大谷沢91-5
電話 04-2935-4671
FAX 050-3737-8750
URL https://www.nipponhyojun.co.jp/
印刷・製本―株式会社 リーブルテック

ISBN 978-4-8208-0745-2